Dans l'enfer des Témoins de Jéhovah

Dany Bouchard

Dans l'enfer des Témoins de Jéhovah

ÉDITIONS DU
ROCHER
Jean-Paul Bertrand

ISBN 2 268 03860 2

Liberté !

Aujourd'hui, soudain, je suis née… J'ai trente-sept ans et pourtant, brutalement, les choses et les gens autour de moi m'apparaissent différents, comme lavés de cette mièvrerie gluante qui les enveloppait jusqu'à ce jour. Je me trouve dans une salle d'assemblée des Témoins de Jéhovah, comme souvent depuis l'âge de trois ans, mais, tout à coup, les paroles venant du pupitre ne me touchent plus, comme si j'avais perdu l'habitude de les entendre et qu'elles m'atteignaient pour la première fois. J'ai honte de ces discours qu'entend à côté de moi un ami de ma fille aînée venu l'accompagner. Car l'orateur explique en ce moment à un auditoire attentif qu'il est vain de consacrer sa jeunesse à faire des études, puisqu'il est toujours préférable de vouer son temps et son énergie au seul vrai Dieu dont le nom est Jéhovah. Depuis deux heures, les discours qui se succèdent censurent les uns après les autres tous les plaisirs d'une vie ordinaire. Depuis deux heures, j'ai honte de ce qu'entend ce jeune homme, et c'est ainsi que je viens à la vie en ce jour de mai. Je sors enfin de cette prison sans barreaux, imposée par mes parents dès ma plus tendre enfance… Tout d'un coup, cette prison, je la vois, je la sens, elle m'oppresse, elle m'étouffe… Je me lève, je ramasse les affaires éparpillées autour de moi par mes quatre enfants, et je lance à mon mari un peu éberlué :

« Viens, on s'en va…

– Si tu veux, me répond-il. »

Et ce fut ma dernière journée de détention mentale, d'aveuglement imbécile. Je ne remis plus jamais les pieds, ni surtout la tête, dans une Salle du Royaume des Témoins de Jéhovah. J'avais été une détenue volontaire pendant trente-quatre années, supportant répression et humiliation, entraînant dans cette folie mon mari qui le fit par amour, et mes enfants parce qu'ils étaient sans défense, comme moi-même je l'avais été.

Si je suis née ce jour-là, si ce miracle a eu lieu, j'en serai toujours reconnaissante à cet ami de ma fille, perdu de vue aujourd'hui, cet inconnu en jean et tee-shirt qui, sans le vouloir, provoqua en moi cet électrochoc salvateur. Depuis longtemps déjà, je réprimais de plus en plus souvent une saine révolte, mais je n'osais pas bousculer l'ordre de ma vie, le chemin de croix que je m'étais imposé, étroitement lié aux sentiments que je voulais obstinément voir mes parents éprouver à mon égard.

Pour mon malheur, mes parents sont devenus Témoin de Jéhovah alors que j'avais trois ans à peine. Appliquant au pied de la lettre les instructions de leur nouvelle religion, ils nous enfermèrent, mon frère et moi, dans leur prison. Ils punissaient la moindre bêtise de gosse avec une brutalité biblique et considéraient toute marque d'affection comme une faiblesse. J'ai survécu, la plupart du temps dans un cauchemar paré des vertus de la normalité biblique, entre brimades et mauvais traitements, sans perdre espoir, toujours cherchant à leur prouver à eux, mes parents, que j'étais digne de l'affection qu'ils ne me donnaient pas, que je saurais remplir les vides s'ils m'en donnaient l'occasion... Je voulais être quelqu'un dont ils pourraient être fiers, et c'est pourquoi j'avais accepté tant de choses...

Mais, en ce jour de mai, à trente-sept ans, il me sembla soudain évident que j'avais assez attendu, assez enduré : mes parents ne m'offriraient jamais cet amour inconditionnel que j'espérais encore ; tous mes actes seraient, comme toujours ils le furent par eux, tournés en dérision... Ce qui se présentait avec netteté devant moi, c'était le choix de la vie et de la liberté pour moi, certes, mais essentiellement pour mes enfants. J'en avais fini avec l'esclavage mental, la quête d'une inaccessible reconnaissance.

Je sortis dans le soleil de cet après-midi de printemps sans regarder en arrière ; je marchais vers la liberté... mais j'avais peur. Je me demandais si j'allais trouver une place dans ce monde qu'on ne m'avait appris qu'à rejeter comme étant l'œuvre du Diable. Mais il y avait cette force en moi, qui me soufflait que je trouverais les ressources nécessaires pour surmonter cette peur, la dompter. Je le savais. Il le fallait. Je devais analyser jusqu'à m'en faire mal cette existence qui avait été la mienne, pour tourner définitivement la page et aborder la vie, la vraie, celle dont tous les instants de plaisir et de bonheur comptent... Non, plus jamais une vie de sacrifices en quête d'un hypothétique paradis millénaire, qui, je le sais maintenant, ne serait qu'une longue et morne dictature : celle du Bien absolu. J'allais donc le refaire, ce voyage à l'envers, ce voyage en enfer... pour mieux m'en délivrer... à jamais.

Les fêtes

J'ai cinq ou six ans… C'est Noël, et mes parents ont accepté d'aller déjeuner chez mon grand-père où toute la famille sera réunie. Je ne tiens plus en place, impatiente de succomber à la tentation délicieuse d'admirer tout ce qui est interdit chez moi, de recevoir mes cadeaux sous les yeux attendris de mes tantes, de mes oncles, de cette famille chaleureuse. Je suis avide de cette joie qui me remplit d'une énergie nouvelle. À quelques pas de moi, mes parents se disputent à voix basse : mon père, le regard dur, dit à ma mère : « C'est la dernière fois. »

Ce fut en effet la dernière fois que je fêtai Noël sous le regard bienveillant de toute ma famille… Sous le prétexte que j'avais bousculé mon frère en me précipitant sous le sapin pour découvrir mes cadeaux, mes parents me ramènent en pleurs à la maison, me grondent, et m'annoncent que, par ma faute, nous n'irons plus jamais fêter Noël chez Grand-Père, car cette fête païenne déchaîne en moi des réactions mauvaises. De cela aussi, c'est encore moi qui suis coupable, et, déjà, je pleure sur la mauvaise foi qui me rend responsable de cette décision.

La vérité, c'est que les Témoins de Jéhovah veulent ignorer jusqu'au sens du mot « fête ». L'unique occasion où ils l'emploient est associée à l'anniversaire de la mort du Christ, correspondant au 14 Nisan de l'année hébraïque. De savants calculs sont effectués chaque année pour respecter cette date incontournable et la faire correspondre à notre calendrier. Bien évidemment, cette « fête » n'est pas, et de loin, une occasion de réjouissances comme celles qu'on a coutume de voir dans les fêtes traditionnelles. C'est une réunion publique, qui revêt un caractère de gravité extrême, ponctuée par des cantiques lugubres et un discours sur le corps et le sang du Christ. Comme à l'église, ils sont représentés par du pain sans levain et du vin rouge, emblèmes que l'on se passe de main en main sans y toucher. Seul le reste des cent quarante-quatre mille élus encore vivants, appelés à gouverner dans le ciel avec le Christ pendant mille ans après la fin du monde, Harmaguédon, peuvent goûter ces mets sacrés. Comme ces élus ont été choisis par le Christ en 1914, selon la doctrine des Témoins de Jéhovah, ils sont chaque année de moins en moins nombreux, et très âgés. Certains d'entre eux ne sortent plus de chez eux qu'à cette occasion, et on les y exhibe un peu comme des personnes sacrées.

Le sens généralement admis pour définir le mot « fête » est ignoré et décrié chez les Témoins de Jéhovah. Pourtant, dans l'Ancien Testament, c'est bien le même Dieu qui prescrivait fêtes et réjouissances tout au long de l'année pour son peuple : renouveau du Printemps, moissons, lumières, tout était occasion de joie. Les Témoins prétendent que Dieu ne change jamais, cependant ils l'ont fait changer spécialement dans le domaine des occasions festives. Toutes sont rattachées, d'une manière ou d'une autre, à « Babylone le Grande », la grande prostituée de l'Apocalypse de saint Jean, assimilée par la secte à « l'empire mondial de la fausse religion ». De cela, et en ces termes, il est question à chaque réunion et dans toutes les publications. Cet « empire », donc, est condamné par Dieu à brève échéance : depuis 1952, année où mon père devint un adepte, sa fin doit intervenir incessamment-sous-peu. Bien entendu, seuls les Témoins de Jéhovah ne font pas partie de cette « Babylone la Grande », dont il est urgent de sortir si ce n'est déjà fait, et impératif de se tenir éloigné si l'on est à l'abri, « dans la vérité », la leur. Selon eux, non content de son hégémonie mondiale, cet empire de la fausse religion, dirigé par Satan et ses sbires occultes, n'a qu'un seul objectif : détourner les vrais chrétiens de leur conduite, celle seule qui est conforme à ce que Dieu exige d'eux. Satan ne désire qu'une chose : les faire communier avec le paganisme mondial par le biais des fêtes qui, pourtant, se pratiquent dans n'importe quel groupe social organisé depuis la préhistoire. Pour leur éviter cette déchéance, les publications et les discours expliquent de façon itérative que toutes les fêtes du monde, y compris les fêtes chrétiennes, puisent leurs racines dans les antiques rites païens condamnés dans l'Ancien Testament de manière explicite. Le plus souvent, d'ailleurs, l'histoire atteste que tel est en effet le cas. Au lieu de considérer cette persévérance grégaire comme une qualité, les Témoins de Jéhovah en font le défaut suprême, une abomination : la participation déguisée aux rites païens des faux dieux de l'Antiquité. L'histoire atteste que les autres religions chrétiennes, et en particulier les Catholiques, ne furent pas aussi intransigeantes. Ils avaient compris que le sens de la fête est inhérent à la race humaine depuis les temps les plus reculés. Aussi, en l'an 325 de notre ère, l'empereur

Constantin réunit-il le concile de Nicée afin de décider quelle conduite il serait bon d'adopter face aux multiples religions qui cohabitaient dans son empire. Elles engendraient plus de querelles que de concorde, plus de violence que d'amour du prochain. Devant ce chaos, Constantin se conduisit en sage : converti au christianisme, qui était la religion de la tolérance, il sut faire l'union parmi toutes ces croyances et fédéra une religion *katoslicos*, ce qui, en grec de l'époque, signifiait « universelle ». Cet empereur fut le premier œcuméniste de notre ère, le seul qui réussit une entreprise aussi risquée et apparemment vouée à l'échec. De ce concile de Nicée naquirent des édits qui furent peu à peu acceptés, sinon admis, par tous les peuples de son immense empire. Ainsi fusionnèrent rites païens et fêtes chrétiennes, c'est vrai. Ces dispositions contentèrent tous les peuples qui vivaient sur le territoire de l'empereur Constantin, les Païens qui se convertissaient au christianisme ne se voyaient pas pour autant coupés de leurs coutumes ancestrales, tandis que les Chrétiens, persécutés depuis plus de deux siècles, éprouvaient le besoin de vivre leur foi au grand jour, dans le recueillement et le faste que ne permettaient pas leurs réunions clandestines.

Ainsi, en vertu de cette belle histoire, pour ne pas participer au paganisme, je n'ai jamais connu chez moi l'ambiance de liesse qui entoure la célébration de Noël. Pas de crèche, pas de sapin, pas de décorations, et pas de cadeaux non plus. À la maison, comme dans toutes les familles de Témoins de Jéhovah, ce devait être un jour comme les autres... Comme c'était un jour férié, je devais de plus aller en prédication ce jour-là. Je ne protestais pas... mais pour moi, c'était comme un jour de deuil, le plus triste de toute l'année. Hormis les enfants que je fréquentais à la Salle du

Royaume, toutes les filles que je côtoyais à l'école me racontaient avant les vacances de Noël quels préparatifs joyeux elles faisaient en famille. Moi, je ne pouvais qu'imaginer la fête, avec son repas si spécial, ses rires, ses cadeaux, avec le cercle de la famille élargie donnant toute sa chaleur… Le soir venu, après cette « journée comme les autres », après ce sacrifice à la gloire de Dieu, seule, dans mon lit, je pleurais en me cachant sous mon drap. Je demandais dans ma prière du soir, chaque année, le pourquoi de cette austérité… Je n'étais qu'une enfant privée de joie et de fête, et je ne comprenais pas, car ni mon père ni ma mère ne m'expliquèrent jamais avec patience et tendresse les raisons d'un tel sacrifice. Et puis, je grandis ; emprisonnée chaque année un peu mieux, j'ai fini par me résigner au fil des ans. J'en vins au bout du compte à adopter moi aussi ce raisonnement restrictif à l'extrême pour justifier ma propre conduite. Coupée du monde qui m'entourait, je ne voulais pas me couper de la secte. J'avais peur de ce monde que l'on m'avait appris sans cesse à redouter comme un ennemi. Je croyais que je n'avais plus le choix. Je ne cessais de me révolter en mon for intérieur, mais en même temps, j'acceptais de subir tout : j'avais refermé cette cage qui me retenait prisonnière.

Pour moi, comme pour tous les enfants de Témoins de Jéhovah, il n'y eut jamais d'anniversaire non plus. Bien que la Bible reste muette sur la question de savoir s'il est judicieux ou non de célébrer l'anniversaire de sa naissance, les Témoins l'interdisent formellement : si la Bible n'en parle pas, c'est que cela ne doit pas se faire. Et puis, disent-ils, ne serait-ce pas céder au culte de la personnalité, à l'enflure de l'ego, que de consacrer une fête à une seule personne pour célébrer le jour de sa naissance ? Cette personne, surtout s'il s'agit d'un enfant, ne risque-t-elle pas de se croire trop importante, de devenir imbue d'elle-même, orgueilleuse ? Encore une fois, aucune trace des mots « amour » ou « affection » dans ce discours. Uniquement une règle strictement édictée et qui doit être strictement appliquée. Quand j'étais petite fille, chaque année, j'espérais qu'un miracle se produirait, que le jour de mon anniversaire, par exemple, ma mère me prodiguerait un geste de tendresse, ou que mon père me dirait simplement : « Tiens, tu as un an de plus aujourd'hui ! » Oui, j'espérais ce genre de choses simples... pas un gâteau, non, je savais bien qu'il n'en était pas question, et encore moins un cadeau... Je n'ai jamais reçu de cadeau d'anniversaire et, avec tristesse, je n'en attendais pas. Non, moi, ce que je désirais tellement, c'était juste qu'on me dise un petit mot, qu'on me montre que j'étais quelqu'un qui comptait dans la famille puisqu'on se souvenait du jour où j'y étais arrivée... Mais rien de tout cela ne se produisit jamais. Seules mes camarades de classe me souhaitaient un bon anniversaire, et lorsqu'elles me demandaient quels cadeaux j'avais reçus, j'avais le choix entre le silence ou le mensonge : souvent, je choisis le mensonge. Avec ma tendance naturelle à considérer le sort qui m'était fait comme une injustice, je me consolais du vide qui m'habitait en racontant des histoires, et ces histoires me faisaient du bien.

J'ai dix ans demain... Je suis triste rien que d'y penser. C'est alors que je rencontre une de mes tantes à la poste où je fais une course pour mon père. Aucune des trois sœurs de ma mère n'a cédé aux discours incessants de mon père et, en vérité, elles n'apprécient pas du tout ses tendances sectaires. Elles me gâtent dès que cela leur est possible. Le cœur battant un peu plus vite, je lance à ma tante :

« Tu sais ce qui se passe demain, Tati ?

– Non.

– Hé bien, demain, j'ai dix ans, lui dis-je toute fière. »

Mais ma tante avait oublié… Ce bref échange me donne à réfléchir ; j'ai vérifié une chose importante et qui ajoute encore à ma tristesse : même parmi mes proches, personne ne se souvient du jour de ma naissance. Par leur attitude, mes parents sont parvenus à le faire oublier de tous. Je souris à ma tante, elle m'embrasse, et je rentre chez moi, le cœur un peu plus gros : demain, personne n'aura une pensée spécialement affectueuse pour moi.

Cependant, ma tante, fine mouche, a senti ma détresse. Le soir même, elle débarque chez nous et relate à mes parents notre courte conversation du matin… elle se met en colère contre eux… Le résultat est désastreux pour moi. Dès que la porte s'est refermée sur elle, j'ai droit à une série de sévères réprimandes ponctuée d'une correction bien sentie. Le discours de mon père est toujours le même à mon égard. Je suis mauvaise, de plus en plus mauvaise… J'ai fait exprès de mentionner cette fête immorale, cette coutume « du monde », exprès pour que le reste de la famille pense d'eux plus de mal encore. J'ai « jeté l'opprobre sur le nom de Dieu par ma conduite » selon la formule consacrée chez les Témoins de Jéhovah. Comme d'habitude, je pleure… Comme n'importe quel enfant, j'ai besoin d'amour, de repères, de reconnaissance, d'identité en somme. Lorsque enfin mon père cesse de me frapper avec une baguette appelée Cunégonde et dont il use très souvent, je me réfugie dans un monde où seuls mon grand-père, ma grand-mère et mes tantes seraient autorisées à prendre soin de moi, et je finis par m'endormir secouée par des sanglots incoercibles.

Si je me souviens aujourd'hui de l'anniversaire de mes dix ans, c'est que même la brutalité et l'incompréhension comptent plus que l'indifférence lorsqu'on est un enfant.

Ainsi passaient les années, à voir défiler sur le calendrier les jours heureux des autres. De jour de l'an, point… C'était Païen aussi. D'Épiphanie encore moins, ni de gâteau des Rois, associé à la fausse religion, symbole des cadeaux des Rois mages au Christ enfant. Je me contentais de les admirer dans les vitrines du boulanger. À la Chandeleur, point de crêpes : Païen… Pour mardi gras, je regardais avec envie mes camarades venir déguisées pour le carnaval de l'école… car, même à l'école, les enfants de Témoins de Jéhovah ne doivent pas participer aux fêtes. Pour justifier une interdiction aussi stupide que cruelle, les Témoins affirment que ce serait participer au paganisme ambiant, que le fait de se travestir ou de porter un masque relève des traditions remontant aux orgies romaines… Mais quel rapport entre cette obsession et une fête pour des enfants organisée dans une école ? Les Témoins en cherchent et en trouvent… Ainsi, porter un masque de Mickey constitue-t-il un péché ! Ce sacré Mickey Mouse est-il un païen orgiaque lui aussi ? La réponse est « oui ». Quant à moi, je n'avais pas le droit d'exprimer mon désaccord, la moindre velléité de discussion étant considérée comme une rébellion, réprimée par une correction destinée à redresser ma manière de considérer les choses. Alors, souvent, je me taisais… mais, le jeudi, mon grand-père ne manquait pas de m'acheter cette semaine-là un masque que j'avais le plaisir de choisir et de porter toute la journée !

Les jours passaient, toujours semblables, et arrivait Pâques… et rien ne se passait de joyeux dans notre famille à cette occasion là non plus.

Les Témoins de Jéhovah n'y considèrent que la mort et la résurrection du Christ, qui donne lieu à cette réunion lugubre appelée « commémoration » ou encore « mémorial ». Tout ce qui gravite autour de cette occasion de réjouissances n'est pour eux qu'une résurgence de l'ancienne fête du renouveau, pendant laquelle, dans l'Antiquité, on célébrait la Nature en train de renaître. Alors, adieu les œufs en chocolat et autres poules, lapins ou cloches, symboles honnis de la fausse religion. Et bien entendu, jamais de chasse aux œufs décorés dans quelque jardin… J'écoutais, les yeux écarquillés, mes camarades de classe ou mes cousines me raconter ces merveilles d'un autre monde. Mais je dégustais tout de même le gros œuf en chocolat que mon grand-père ne manquait jamais de m'offrir à cette occasion, et que mes parents n'osaient pas m'enlever de peur que je n'aille le lui dire. Je suppose que mes tantes avaient été priées de m'épargner le récit de leurs agapes pascales, mais mes cousines, pourtant beaucoup plus jeunes que moi, me faisaient entrevoir un monde de délices qui n'était pas fait pour moi… Cependant, la famille de ma mère m'aidait à entretenir en moi un fragile équilibre, à ouvrir les yeux sur une autre vie. J'apprenais tout ce qu'apprennent les enfants de Témoins de Jéhovah : accommoder « la vérité » à ma propre sauce, un tiers de doctrine, un tiers de mensonge, un tiers d'hypocrisie. La doctrine parce que, inévitablement, on y adhère lorsqu'on est un enfant, c'est la force de la pédagogie ; le mensonge, parce que tous les enfants du monde veulent se ressembler lorsqu'ils se retrouvent à l'école ; l'hypocrisie, parce que très souvent, je faisais semblant d'accepter un diktat pour éviter une correction, mais je me rebellais de toutes mes forces intérieurement. Selon ma mère, qui parfois me perçait à jour, je n'étais qu'une vicieuse…

Quelques semaines plus tard, arrivait la fête des Mères. On ne peut décemment qualifier cette fête de religieuse ou la taxer du paganisme habituellement servi comme alibi, puisque ce fut Pétain qui en établit la ponctualité annuelle et l'érigea en institution nationale. Cependant, la fête des Mères ne fait pas exception à la règle des restrictions : prétextes fallacieux et désinformation l'assimilent dans les discours et les publications à une fête religieuse. Le seul fait que « le monde » la pratique constitue une condamnation. Chaque année, à l'école, je voyais mes voisines de classe heureuses de fabriquer avec amour un objet pour leur maman. À moi, on avait dit à la maison : « Fais comme tes camarades, ne te fais pas remarquer, ce n'est qu'un travail comme les autres. Mais surtout, pas de cadeau ni de ces simagrées, nous ne fêtons pas " ça " chez nous. » Encore une fois, c'était la même rengaine austère, celle que j'entendais tout au long de l'année.

Bien entendu, lorsqu'on les interroge au sujet des fêtes, les Témoins de Jéhovah affirment d'un air supérieur : « Nous n'avons pas besoin que le calendrier nous commande les jours où il faut célébrer une fête ! Nous, au moins, nous sommes libres ; nous nous réjouissons lorsque nous en avons envie, et les motifs ne nous manquent pas. » Cette phrase, je l'ai entendue des milliers de fois ; elle a bercé mon enfance… Puis, séduite sans doute par ce maléfice non conformiste, j'en étais moi-même venue à l'adopter. Pourtant, il est facile de constater que ce leitmotiv n'est qu'un leurre, une escroquerie. En tout cas, en ce qui concerne ma famille et du plus loin que je me souvienne, jamais mes parents n'ont organisé pour moi une fête où des amies que je choisirais seraient invitées à la maison. Jamais il n'y eut une occasion de fête autour d'une table, avec mes tantes ou mes cousines réunies. Jamais je n'eus droit à cette joie sans arrière-pensée qui ouvre le cœur et le fait se tourner vers les autres.

Un été, mes parents avaient pris pension pour notre famille dans une ferme près du Mont-Dore, mon père devant suivre une cure thermale à La Bourboule. Les fermiers qui nous logeaient avaient deux grands garçons, encore assez jeunes pour fabriquer des centaines de fleurs en papier crépon destinées à la décoration d'un char qui devait défiler lors de la prochaine fête du village. Je bravais chaque jour l'interdiction de mon père, qui refusait de me laisser participer à la confection de ces fleurs, pour l'unique raison que cette fête de village était une « fête votive ». C'est à cette occasion que j'appris le sens du mot « votif ». Confectionner ces fleurs signifiait pour mon père participer à une cérémonie païenne ! Moi, je n'y vis que l'intelligence des humains, qui trouvent toujours un prétexte pour faire la fête. Ce jour-là, la vacuité des explications de mon père, leur pauvreté, m'apparurent dans toute leur nudité. Comme à l'accoutumée cependant, je ne répliquai point : c'eût été inutile, voire dangereux pour moi. Mais, aussitôt qu'il était parti pour les soins de sa cure, je me glissais dans cette pièce où les deux garçons travaillaient, et je fabriquais avec eux, dans la joie, ces fleurs de papier dont nous remplissions des caisses entières. Leur bonne humeur me gagnait, et j'oubliais, en ces heures joyeuses, de Dieu-gendarme qui avait hélas ! trouvé en mon père son représentant exemplaire. J'ai tant pensé à cette fête que je ne sais plus aujourd'hui si j'ai pu y aller ou si cela aussi me fut interdit. Mais, à la réflexion, il me paraît évident que je n'y allai pas, mon père, en ce domaine, ayant la fâcheuse habitude de ne céder sur rien. Ne me reste que le souvenir douloureux, comme tous les autres, d'une joie populaire dont je fus exclue, car j'appartenais au peuple de Dieu et non à celui des hommes.

Les Témoins de Jéhovah répètent sans cesse que Jéhovah est « un Dieu jaloux », qui déteste que son peuple se compromette dans des célébrations inutiles. Cependant, adorer un Dieu jaloux et triste laissait un sentiment de vide à la petite fille que j'étais. Pourtant, même ce que je ne comprenais pas, je finis par m'y habituer. Au bout de quelques années, l'esprit et le corps s'accoutument à la monotonie d'une telle existence. Un enfant est obligé de suivre les désirs de ses parents, même s'ils ne lui paraissent pas toujours légitimes. Un adolescent se rebelle, mais la peur le fait plier. Puis l'adulte qu'il devient est muselé, mutilé. Il reproduit bien souvent les mêmes situations qu'il avait jadis si violemment rejetées. Il en vient même à les justifier pour justifier ainsi son erreur. C'est ainsi qu'à mon tour, j'ai laissé passer les années sans me préoccuper pour mes propres enfants, du moins des deux aînées, des festivités du calendrier. Complètement absorbée dans la secte, la peur me retenait, m'empêchait de leur faire ce plaisir qu'elles attendaient. Mais je n'avais pas tout à fait oublié ma propre enfance : nous fêtions le réveillon du jour de l'an, et la joie n'était pas absente dans notre famille. Pourtant, j'avais une envie folle de jeter les restrictions aux orties, mais, angoissée, prise entre deux feux, je n'y arrivais pas. Jusqu'à ce que, grâce à mes filles, je m'aperçoive à nouveau de leur importance, du caractère de nécessité qu'elles revêtaient dans leur éducation. Ne pouvant me libérer de cette prison invisible, j'en arrivai à faire des concessions aux uns, des compromis avec les autres…

Je ne me sentais nulle part à ma place, en ces années où ma conscience se réveillait. Et jusqu'à la rupture définitive et salutaire, cela me valut un perpétuel sentiment de culpabilité. Je me croyais forte, mais j'étais faible, j'avais toujours ce besoin inassouvi d'être aimée et acceptée… et pour y parvenir, je n'avais pas d'autres moyens que ceux de perpétuer les attitudes de ces modèles gauchis que furent mes parents, bien que je les eusse de tout temps condamnés. Totalement conditionnée, aveuglée par ces murs invisibles dressés jour après jour dans ma tête, ayant refoulé au plus profond de ma mémoire mes larmes d'enfant frustrée, j'ai, à mon tour, maillon d'une chaîne infernale, privé moi aussi mes deux filles aînées de Noël pendant douze longues années qui, je le sais, furent douloureuses pour elles, et mon cœur en connaît le prix maintenant : le remords. Cependant, j'ai toujours pris soin de respecter les fêtes que leur école organisait. Mes filles ont eu ainsi, en leurs jeunes années, ces anniversaires, ces jours costumés et ces fêtes des Mères dont j'acceptais le cadeau avec reconnaissance. Je n'ai jamais pu me résoudre à les priver de ces joies innocentes. Dans mon entourage, à la Salle du Royaume, je pouvais voir les enfants des familles de Témoins de Jéhovah souffrir de leur différence, tiraillés qu'ils étaient entre le désir de répondre à l'attente de parents qu'ils aimaient, et celui de partager le plaisir banal et universel d'une fête. Certains venaient quelquefois m'en faire la confidence, mais je ne savais pas ce qu'il fallait leur répondre, ce dilemme me rongeant moi-même et depuis si longtemps. Je suis, et j'ai toujours été, certaine d'une chose : si Dieu a mis le rire en nous, c'est pour qu'il serve. Le sens de la fête a toujours existé, partout dans le monde et à toutes les époques. En fin de compte, Dieu est comme tous les responsables d'un groupe quel qu'il soit : ce sont les excès qu'il condamne, pas la joie, non… Mais chez les Témoins de Jéhovah, elle devient un péché. Les traditions populaires, qui sont la mémoire de notre humanité, doivent être jetées aux oubliettes.

La prédication

C'est dimanche. Je suis encore jeune, mais je le sais parce que aucun camion ne rugit dans la montée que fait la rue en bas de chez moi. Je le sais parce que aucun brouhaha ne monte dans l'air. Je le sais à cette qualité particulière du silence qui fait qu'un dimanche se reconnaît dès le réveil. Et pourtant, la sonnerie quotidienne retentit… et pourtant, mon père vient me presser de me lever. Il est sept heures et demie du matin, comme tous les dimanches aussi loin que remonte mon souvenir. Je dois m'habiller plus soigneusement qu'à l'accoutumée, revêtant les habits que ma mère a choisis pour moi. Je dois prendre mon petit déjeuner en silence : pas de conversation dominicale superflue ! Je dois écouter mon père discourir sur un passage de la Bible et apprendre les bonnes réponses aux questions qui me seront posées un peu plus tard lors du rendez-vous de service, la petite réunion qui précède le départ en prédication. Le dimanche, il faut faire mieux encore que lors du commentaire quotidien du texte biblique matinal, pour rendre grâce à Dieu.

Ensuite, nous nous exerçons en famille et nous présentons les uns aux autres les arguments et les publications que nous allons proposer de porte en porte aujourd'hui.

De la sorte, même le dimanche, je suis chargée d'un cartable pratiquement aussi lourd que celui que j'emporte à l'école. Il y a ma Bible, mon carnet pour noter les personnes qui auront manifesté un intérêt, ainsi que les périodiques et livres que j'espère placer dans les foyers que je vais visiter.

Pour ma part, je n'aime pas tellement cette activité, mais j'y suis obligée, tenue par une force qui dépasse la mienne. J'ai quatorze ans, et je n'ai pas le choix… et puis, j'ai l'habitude : cela fait huit ans déjà que j'accompagne mon père dans ces sorties dominicales, et c'est pour moi l'unique occasion de voir un sourire d'approbation ou de fierté apparaître sur ses lèvres ou dans son regard gris, transformer ce visage d'ordinaire si sévère jusqu'à me faire croire qu'il est satisfait de moi. Alors, je joue le jeu, j'ouvre cette Bible que je connais si bien et que je manipule avec aisance depuis si longtemps ; je cherche le verset demandé et participe de mon mieux au cérémonial des questions et des réponses. Mais aujourd'hui mon imagination vagabonde, et j'ai du mal à me concentrer, comme souvent cela m'arrive depuis quelque temps. Je m'imagine encore dans mon lit, je sens la touffeur tiède des draps que j'ai abandonnés, je respire leur odeur de nuit, je m'invente le bien-être d'un réveil spontané, tardif et voluptueux… Mais déjà, la prière rituelle est terminée, c'est le signal du départ. Nous nous rendons tous les quatre, puisque ma mère et mon frère nous accompagnent toujours, dans un foyer où une autre famille de Témoins de Jéhovah offre son salon comme lieu de réunion. C'est le « rendez-vous de service » où l'on se rassemble en petit comité, plusieurs fois par semaine outre le dimanche matin. Une fois arrivés, nous disséquons une nouvelle fois le texte de la Bible que nous avons examiné un instant auparavant au petit déjeuner. Chacun donne une pensée, un commentaire qui doit être édifiant. On ne pose pas de questions : l'on ne vient pas en ce lieu pour semer le doute ou la contestation... mais au contraire, pour renouveler en quelque sorte son acte de soumission. Et puis, lorsque le responsable de cette réunion estime que tout a été dit sur le verset à commenter, arrive le moment des démonstrations : une personne de l'assistance explique aux proclamateurs quelle est, selon elle, la meilleure manière de présenter aux portes nos publications, comment surmonter une éventuelle objection, le moyen de parvenir à capter une attention fugitive, de prendre un rendez-vous pour une nouvelle visite... J'écoute. Mais c'est la même chose que j'écoute depuis des années, et je sais que je n'ai d'autre perspective que de l'écouter des années encore. Je ne saisis pas à ce moment-là que le procédé répétitif n'est, en fin de compte, destiné qu'à mieux m'enchaîner. Alors, je veux participer, je veux être une bonne proclamatrice, je veux aussi contenter ce Dieu exigeant, et je me persuade que je fais œuvre utile, que je peux amener d'autres personnes vers « la vérité », la seule, l'unique, celle que Jéhovah Dieu a révélée à ses seuls Témoins, leur donnant la mission écrasante de sauver leur prochain en la lui révélant à leur tour. Enfin, c'est la prière. Il est neuf heures ce dimanche matin, et j'en suis déjà à écouter ma quatrième prière. Celle-ci est destinée à bénir les « proclamateurs de la bonne nouvelle », à appeler l'Esprit saint de Dieu sur eux afin de leur permettre de « toucher le cœur des brebis égarées dans le présent système de choses », le monde où nous vivons. Après cette prière, le territoire à prospecter est distribué ; le responsable du groupe montre sur de petits plans dans quelle rue, dans quels blocs d'immeubles nous devons nous rendre. Pour ce faire, il nous apparie deux par deux, sans jamais tenir compte des affinités ou des désirs des uns de se retrouver avec un compagnon en particulier. En effet, puisque nous sommes tous « frères et sœurs », à quoi bon avoir une préférence ? Ce serait malsain, cela voudrait dire que nous aimons tel frère ou telle sœur plus que les autres, d'un sentiment bassement humain en somme, alors que l'uniformité accablante de l'amour divin doit nous submerger tous de la même façon… Je m'y immmerge, je m'y noie un peu plus à chaque fois. Déjà, j'ai renoncé à demander au responsable si je pouvais prêcher avec cette compagne qui m'écoute si bien et semble me comprendre… J'ai essuyé tant de rebuffades, tant de regards ironiques, tant de sermons destinés à me montrer combien j'étais loin encore de ce que Dieu attendait de moi que, déjà, j'ai deviné ce que le mot « renoncement » signifie. Pourtant, au fond de moi, une petite lumière brille encore, sans doute celle de la rébellion et de la lucidité, qui, heureusement, jamais ne s'éteindra tout à fait. Mais j'ai compris que le responsable du rendez-vous de service possède un pouvoir, et qu'il est décidé à l'exercer comme il l'entend pour sa plus grande satisfaction. J'ai connu parmi eux des dizaines de ces petits chefs, tout empreints de l'amour de Dieu, qui, peut-être inconsciemment (mais peut-être pas), jouissaient au sens propre d'une autorité que, dans leur vie profane et banale, ils se contentaient de subir. C'est ainsi qu'en mon compagnon, ou le plus souvent ma compagne de prédication, je trouve régulièrement une personne spirituellement « mûre », et physiquement décrépite. Toujours sur mes gardes, je dois faire attention à ce que je peux lui dire, à ce que je ne dois pas lui confier, car, la règle d'or chez les Témoins de Jéhovah, c'est de rapporter systématiquement tout ce qu'on a pu observer de « non théocratique » chez un compagnon de prédication. Plusieurs fois, déjà, j'ai encouru les foudres paternelles pour une confidence qui m'avait échappé ou que l'on m'avait habilement soutirée… et qu'on s'était empressé d'aller lui répéter afin qu'il joue son rôle de père tel que le conçoit la secte : remettre mon esprit rebelle et mauvais dans le droit chemin. Malgré tout, l'enfance encore proche et la nature humaine gardent en moi leurs droits. Naïve et confiante, ce qui tient du miracle, je commence avec ma compagne du jour la prospection du territoire qui nous a été attribué. Et pourtant, je ne me rappelle pas avoir été jamais de mauvaise humeur lors de ces sorties dominicales : un autre miracle ! Je porte comme toujours un sac assez grand pour contenir une douzaine au moins des périodiques *Réveillez-vous* et *La Tour de Garde*, que je vais présenter deux par deux aux personnes qui ouvriront leur porte. J'ai également deux ou trois livres reliés destinés à ceux et celles qui auront manifesté un quelconque intérêt pour le message que je leur apporte, et qui sont susceptibles d'être tentés par une étude gratuite de la Bible. J'emporte en outre quelques brochures traitant de sujets particuliers : la mort, par exemple. J'ai des tracts, des invitations à nos conférences et, évidemment, ma Bible ; dont je dois lire au moins deux versets à chaque porte, ou plutôt les faire lire aux personnes qui m'ouvriront pour mieux éveiller leur intérêt. C'est lourd, certes, mais je ne sens ni le poids du sac, ni celui de la contrainte, car je travaille pour Dieu. Je crois vraiment que je vais à la rencontre de quelqu'un qui aura besoin du message que je lui apporte. On m'a persuadée que c'était ainsi que l'amour véritable pour son prochain se démontrait, et je le fais avec la foi, certes, mais surtout pour que mon père soit fier de moi : je suis un bon petit soldat de Dieu. Pourtant, j'en suis consciente malgré mon jeune âge, le message que je délivre aux portes, une longue expérience m'a permis de constater qu'il est toujours le même, bien que les versets de la Bible lus aux personnes rencontrées soient régulièrement changés par les responsables de la prédication. Nous recevons les directives pour ce changement au niveau national, dans une publication interne étudiée lors des réunions. Mais on m'a enseigné que c'est un message d'espoir pour l'humanité tout entière et, pour le moment, il est plus simple pour moi d'y croire. Le message est le suivant : « Dieu a laissé aux hommes une certaine période de temps pour que soit faite de manière définitive la preuve qu'il leur est impossible de gouverner le monde dans l'harmonie et la paix. Voyez, constatez, ce ne sont que guerres, tueries, famines… L'homme saccage la Terre et opprime son semblable. Mais il existe un moyen d'en sortir, un seul : étudier la Bible, la Parole de Dieu, par l'entremise de laquelle il nous explique à travers ses prophéties que les hommes, leurs gouvernements imbéciles et leurs religions apocryphes et impies seront sous peu détruits pour toujours. Seul le petit nombre de ceux qui auront fait Sa véritable volonté, en tant que fidèles Témoins de Jéhovah, seront sauvés. Ils pourront, sous le joug d'un magnanime gouvernement céleste, transformer la Terre en paradis et y vivre éternellement. »

Bien sûr, maintenant, le mot de « dictature » me paraît plus approprié pour qualifier cette perspective… mais le message, c'est bien celui-là… seul le mot change… C'est que j'ai quatorze ans, le crâne bourré quotidiennement de cette barbe à papa rose et sucrée, et je crois alors fermement que ce « paradis » en sera un. J'ignore encore ce mot de La Fontaine dont j'apprendrai plus tard la saveur : « L'ennui naquit un jour de l'uniformité. » Alors oui, je crois à ce que je raconte, même si j'ai parfois l'impression d'une intense frustration, le sentiment que, tout près de moi, il se passe des choses formidables que je ne vois pas.

Ce matin-là, j'ai prêché deux heures... cent vingt minutes à monter et descendre des escaliers, à interpeller des inconnus pour la plupart tirés d'une grasse matinée réparatrice... C'est ce que je fais tous les dimanches matin, mais mon père me dit pourtant que ce n'est pas un sacrifice suffisant, que « le sacrifice des lèvres » doit tenir la place la plus importante dans ma vie. Alors, dans la semaine, principalement le samedi après-midi, je vais faire encore une heure au moins de porte-à-porte. À ce moment-là, selon le quartier dans lequel on m'envoie et la personne avec laquelle je prêche, je peux entrevoir des merveilles dans les boutiques où je n'entre jamais.

Dans l'activité de prédication, le *must* pour lequel on est félicité consiste à revisiter les personnes une fois qu'elles ont « accepté » une quelconque publication. On ne dit pas « acheté » : la contribution suggérée est volontaire, et il serait mal vu de considérer que « la vérité » s'achète. De même, il ne faut jamais penser qu'on nous donne quelques francs pour se débarrasser de notre encombrante présence... Non, si une personne a accepté une publication, même gratuitement, c'est qu'elle manifeste de l'intérêt pour le message que nous lui avons délivré. Il est donc de notre devoir de chrétien de la revisiter, afin d'entamer avec elle une série de discussions soigneusement préparées, orientées de manière à déstabiliser son jugement, à lui ôter un par un ses repères religieux familiers, les valeurs auxquelles elle était attachée.

Par exemple, j'ai souvent entendu et pratiqué l'entrée en matière suivante :

« Bonjour monsieur (ou madame) Vous souvenez-vous de moi ? Je vous ai laissé la semaine dernière une publication biblique et j'avais promis de vous revisiter.

– Ah ! C'est vrai, mais je n'ai pas eu le temps de la lire.

– Oui, tout le monde manque de temps de nos jours. Cette publication traitait des événements malheureux que subit notre monde, vous vous rappelez ? Je pense que vous serez heureux de savoir qu'une solution existe pour remédier à cet état de choses.

– Écoutez, je suis un peu pressé…

– Je ne serai pas long, moi aussi j'ai d'autres personnes à visiter. Je pense que votre famille est très importante pour vous ?

– Bien sûr.

– N'aimeriez-vous pas contribuer à lui offrir un avenir meilleur ?

– Oui.

– La Bible nous informe avec précision de cet avenir et des moyens qui sont à notre disposition pour en profiter. Tenez, lisons ensemble… »

Ainsi, une fois affaiblie (mais on dit « intéressée »), une fois le doute insinué dans son esprit, il devient plus facile de porter son intérêt vers la vérité telle que nous la voyons, de capter définitivement son attention pour faire d'elle un prosélyte. Une telle organisation suppose que, lors de l'activité de prédication, je prenne consciencieusement des notes. J'ai donc aussi un carnet, avec des formulaires appropriés. J'inscris soigneusement le nom de la personne, la rue, l'étage, la porte, la date de la première visite, le sujet abordé, la publication que j'ai laissée… Rien ne doit être omis. Je dois également noter les personnes que je n'ai pas vues : les « absents » comme on les appelle ; pour que d'autres proclamateurs viennent, à un autre moment, leur délivrer notre message salvateur. Il ne faut oublier personne car, lors de la destruction de ce système de choses dominé par Satan, destruction appelée « Harmaguédon », ceux et celles qui n'auraient pas eu accès au message et n'auraient donc pas pu choisir de se joindre aux « vrais chrétiens », ceux-là risquent d'être détruits par Dieu… à cause de notre négligence dans l'activité de prédication.

Dès qu'une personne manifeste quelque intérêt pour le message qui lui est délivré en prédication, à l'école, ou sur son lieu de travail, celui qui l'instruit a pour mission première de l'amener à changer de personnalité, de prendre conscience qu'une telle entreprise revêt une grande importance. L'instructeur lui explique que c'est là le premier pas qu'il lui faut faire pour être accepté par Dieu. C'est en fait, le plus souvent à l'insu du proclamateur lui-même, une condition incontournable pour être reçu au sein de la communauté où une rébellion affichée n'a pas cours. Parfois, lorsque je prêche ainsi, je me souviens que j'ai assisté à l'exclusion de plusieurs personnes uniquement parce qu'elles avaient osé contester un point de la doctrine immuable que les dirigeants de la secte extirpent de la Bible… Mais cela, le futur adepte, celui que je viens de contacter peut-être, ne le sait pas. Il ne voit dans son interlocuteur que gentillesse et compassion et, lorsque les visites se font plus fréquentes, plus régulières, il se sent redevable envers lui de cet enseignement et de tout ce temps qui lui est consacré gratuitement. Il n'appréhende pas le piège, ne soupçonne pas le danger, mais peu à peu, au fil des semaines et des mois qui passent, habilement, il devient l'objet d'une véritable mise sous tutelle dans tous les domaines d'une vie qui, jusqu'ici, n'appartenait qu'à lui. Il change… Harcelé moralement, mal dans sa peau, il doute de ses convictions et de ses attitudes antérieures, et c'est précisément à ce moment-là que ses « frères » et « sœurs » s'occupent de lui et lui démontrent, la Bible à la main, quelle attitude il va lui falloir adopter désormais. La solution à son problème apparaît alors à l'étudiant comme un véritable soulagement, jusqu'à ce qu'il s'en présente un nouveau, qui sera résolu de la même manière. Chaque fois qu'il aura des velléités d'indépendance dans sa façon de raisonner ou de se comporter, il sera corrigé par son mentor spirituel ou un ancien venu l'assister pour ce faire. À ce stade de « l'étude », l'interlocuteur est déjà sous dépendance mentale : il a sans cesse l'impression d'avoir une dette envers ses instructeurs. Petit à petit, le futur adepte se coule inévitablement dans le moule, épouse sans plus discuter la doctrine qu'on lui perfuse en continu dans le cerveau et met sa vie entière en conformité avec elle : il a, en effet, changé de personnalité… Il est lié affectivement à la congrégation dont on ne lui a pas encore montré le côté répressif. Il voit en chaque adepte un ami qui le comprend et qui remplace avantageusement ceux qui, dans « le monde », se sont éloignés de lui. Dans la communauté, chacun voit d'un œil satisfait ce changement puisqu'il représente en somme la justification de sa propre conduite. À cette étape du travail entrepris sur cette personne, l'emprise intellectuelle et idéologique s'exerce déjà depuis un bout de temps, et il est devenu difficile pour elle de réagir. Tous les êtres et les choses qui lui semblaient naguère normaux lui paraissent à présent corrompus, et vice versa : il a commencé à ériger sa prison mentale et, à son tour, il va s'exercer au prosélytisme. Il demeurera intellectuellement, socialement et affectivement dépendant de la congrégation, de sa logique, de son idéologie et de ses règles qui se font à ce moment-là de plus en plus contraignantes. Comme un insecte dans une toile d'araignée, il se débat peut-être quelque temps, mais cesse vite de contester et se plie à ce qu'on lui enseigne. Les responsables de la secte ne peuvent d'ailleurs que se réjouir de la réussite de telles méthodes : le nombre des adeptes, sans cesse croissant, leur donne une bonne raison de justifier des procédés psychologiquement coercitifs. Ceux qui les rejoignent, par milliers, ne l'ont-ils pas fait librement ? « On nous écoute, on nous suit, voilà la preuve que nous sommes dans le vrai », c'est ce que je dis moi aussi autour de moi en ce temps-là, car si je sens la contrainte mentale que l'on m'impose, il m'est impossible de m'y soustraire.

À cette époque, je vais à l'école et je ne dispose pas de beaucoup de temps pour revisiter les absents. J'en recopie donc soigneusement la liste que je remets au responsable du rendez-vous de service ; il enverra vers ces adresses des frères et sœurs zélés qui consacrent plus de temps que moi à la prédication, m'enfonçant ainsi un peu plus dans le crâne le sentiment de ma culpabilité, de mon incompétence. Car en effet à chaque fois, je me sens coupable, mais délivrée aussi. Je suis troublée de ne pouvoir m'expliquer ces sentiments contradictoires qui s'agitent dans ma tête. J'ai quatorze ans, certes, et toutes les questions que les jeunes filles se posent à cette époque de leur vie, il m'est interdit à moi de les exprimer. Je n'ai personne vers qui me tourner pour demander de l'aide, et je fais de mon mieux pour porter ce fardeau et tenter de m'en accommoder. Et puis le sourire de mon père, lorsqu'il me voit attelée à ces tâches qui ont une telle importance pour lui, ce sourire me paie de ma peine et balaie mes doutes. Si lui, cet homme qui a tant d'autorité, tant de volonté, accepte de bon cœur toutes les contraintes de cette vie de Témoin de Jéhovah, ce doit être qu'il y a, au bout de ce chemin, quelque chose de vrai que je ne discerne pas encore. Il faut que je m'en persuade, que je sois moins mauvaise dans mes désirs et mes aspirations. Comme j'ai envie qu'il m'aime un peu, mon père, je tente de lui ressembler, de partager quelque chose avec lui, et je le suis toujours dans cette quête impossible. Parfois, je vais en prédication avec lui. J'admire la manière dont il s'y prend avec ses interlocuteurs improvisés, cette façon de faire, presque hypnotique, qui fait qu'ils se sentent quasiment obligés de l'écouter. Dans ces occasions-là, il me parle, il me donne des conseils d'une manière gentille qu'il n'emploie jamais dans d'autres circonstances. Alors, finalement, j'aime bien prêcher avec lui, pour lui.

Aujourd'hui, je me suis fait rembarrer par une dame que j'avais réveillée. Cela ne me choque pas… ni pour moi, ni pour elle non plus d'ailleurs. J'ai commencé à taper aux portes à l'âge de six ans en compagnie de mon père, et j'en ai vu bien d'autres. Mon regard s'est aiguisé au fil du temps et, dès la porte entrouverte, je sens tout de suite si la maison ainsi offerte renferme ou non du bonheur : les gens heureux, même lorsque je les réveille, ne sont jamais agressifs. Mais aujourd'hui, cette dame qui vient de me claquer la porte au nez avait l'air complètement excédée. J'ai tout de même eu le temps de lui dire « Excusez-moi », et je lui ai tendu une invitation à assister à un discours public sur le Royaume de Dieu avant que la porte ne se referme. Puis, j'ai respiré un bon coup avant de passer à la porte suivante, à ce petit instant suspendu, cet infime pincement au cœur que j'ai juste avant de taper sur la protection d'une demeure inconnue. Alors, j'ai droit au classique coup du chien : un monsieur en petite tenue vient ouvrir, avec un gros berger allemand qui lui court dans les jambes. Il aboie si fort que les voisins ouvrent leur porte les uns après les autres pour voir ce qui se passe. Dans ces cas-là, je sais qu'il n'y aura pas moyen de placer un mot : je tends mon invitation et je salue poliment, puis la porte se referme. Malgré mon jeune âge et la longue pratique de cette activité qui me semble tout à fait normale, je sais bien que nous sommes perçus comme des éléments perturbateurs. Il suffit d'observer l'attitude des gens en général : nous sommes rarement bien accueillis, c'est le moins que l'on puisse dire ! Qui frappe à la porte des familles le dimanche matin, sinon les Témoins de Jéhovah ? Forcément avertis depuis des années que se pratique cette activité dominicale, les gens se méfient et imaginent des subterfuges pour n'avoir pas à nous parler. Le Royaume de Dieu, ils s'en moquent et, pour cette raison, ils doivent périr… ils vivent « dans le monde », ils veulent rester dans l'ignorance des desseins du Créateur… Toutes ces attitudes hostiles, en fait, ne découragent jamais le proclamateur ; au contraire, conditionné comme il l'est, cela ne fait que renforcer son sentiment de supériorité. Il se dit : « Comment ces gens peuvent-ils vivre ainsi, sans penser à Dieu et à ses desseins ? » Cependant, je vois chez eux, moi qui suis l'intruse, un regard méprisant parfois mêlé de pitié… exactement les mêmes sentiments que j'éprouve à leur égard lorsqu'ils rejettent le message que je leur apporte. C'est ainsi qu'on m'a appris à les considérer ; ce sont des impies…

Ce matin-là encore, une porte s'entrouvre sur une dame très richement vêtue. Elle ne prend pas mes périodiques parce que, me dit-elle, elle manque d'argent... pourtant, sa tenue dément clairement ses propos. Comme on m'a habituée à ne m'étonner de rien, à ne jamais heurter les gens ainsi rencontrés, j'offre à cette dame un exemplaire périmé de *Réveillez-vous*, en promettant de la revisiter la semaine suivante. À mon âge, je sais déjà percer à jour les faux-semblants et pratiquer l'ironie dans n'importe quelle situation... sauf la mienne, hélas !

Quelques portes plus tard, je rencontre une jeune fille à peine plus âgée que moi. Elle m'écoute calmement, lit docilement les passages dans ma Bible ; bref, elle a l'air de s'intéresser à ce message, toujours le même, que je délivre. Une fois, une seule dans toute une matinée et, dans la naïveté de mon jeune âge et de cet enthousiasme factice instillé dans mon cœur dimanche après dimanche, j'ai oublié toutes les rebuffades essuyées ce matin-là. Mon père sera content de moi, cela ne m'arrive pas toutes les semaines ! Je finis par rentrer chez moi. Je suis fatiguée et j'ai faim... Toutes les bonnes odeurs de cuisine que j'ai respirées chez les autres ont aiguisé mon appétit, et le petit déjeuner de sept heures et demie n'est plus qu'un lointain souvenir. Ma mère, bien qu'elle aussi aille prêcher tous les dimanches, trouve le temps d'être une excellente cuisinière. Enfin, je rentre à la maison.

*

J'ai trente ans maintenant. Je continue à prêcher, même si j'ai acquis ce que je prends pour de l'indépendance. Je suis mariée ; mon mari est lui aussi Témoin de Jéhovah : c'est obligatoire. J'ai deux enfants, mais je cours toujours après l'affection de mon père, et le pire, c'est que je ne m'en rends même pas compte. Oui, je continue à aller prêcher de porte en porte, prisonnière d'un système que je n'ai pas choisi et qui me broie lentement parce que je suis devenue aveugle. Parfois, des questions à jamais sans réponses se bousculent comme autrefois dans ma tête, et l'envie de tout arrêter m'effleure juste un instant de son aile dorée. Mais si j'arrête, je perds tout ce que je connais depuis toujours, tout ce à quoi on m'a conditionnée et que j'ai appris à accepter. Si j'arrête, je n'ai plus aucune chance de conquérir ce père qui m'a tant fait souffrir, et ces souffrances auront été inutiles. Si je renonce, je vais me retrouver seule, sans amis, toutes mes relations étant, c'est aussi obligatoire, des Témoins de Jéhovah. Seule, dans un monde qui, on me le serine depuis toujours, est mauvais et hostile… J'ai peur… Alors, désemparée, je secoue la tête et je continue à me persuader que je fais quelque chose de fabuleux, que j'apporte un message de bonheur et d'espoir aux familles chez qui je m'introduis. En vérité, je ne sais plus très bien où j'en suis. Tout au fond de moi, une petite voix chuchote, rebelle et insoumise, qui s'acharne à mettre en évidence dans mon esprit ce que j'ai vu trop souvent… les ravages que mon message provoque lorsqu'il s'insinue dans un couple, les divorces, les vies gâchées pour une idée, les interdits et les verrous partout où le plaisir affleure… Je sens bien que quelque chose est gauchi, faussé à la base, mais je manque de courage pour aller jusqu'au bout de ma réflexion. Cependant, je prêche moins souvent, avec moins de conviction, ce qui a pour effet de renforcer encore mon éternel sentiment de culpabilité. Mais lorsque je prêche, le piège se referme à chaque fois ; je suis de nouveau sous l'emprise de cet esprit de fraternité, cet ersatz de l'amour, et cela me donne l'impression d'être aimée et appréciée : on a besoin de moi… Pourtant, l'audace et l'ardeur de ma jeunesse sont passées et, maintenant, j'ai un peu peur de ce que je vais dire, de ce que je vais trouver derrière ces portes closes. J'ai trente ans, certes, mais je sais que je ne vaux rien aux yeux de Dieu parce que je ne prêche pas de tout mon cœur comme le fait mon père. Lui, il n'a pas changé. Rien n'a entamé sa conviction, son enthousiasme, le sens qu'il a donné à sa vie en se vouant à Dieu. Tout aggrave encore le fossé qui nous sépare, année après année… Mais je prêche… Aujourd'hui, un père de famille nous fait entrer dans son salon, chose rarissime, et nous entamons une discussion alors que, visiblement, son épouse désire que nous partions. Une autre fois, ce sera l'inverse… À la fin, je ne sais plus très bien si je délivre un message de paix ou une déclaration de guerre. Je suis troublée de ce désordre, et je n'ai toujours personne vers qui me tourner qui pourrait apporter un point de vue satisfaisant pour résoudre mon problème. La seule réponse autorisée est toujours la même : celui qui n'accepte pas le message des Témoins de Jéhovah s'exclut lui-même du cercle des proches de Dieu et perd toute espérance de vie dans le paradis terrestre rétabli.

Ainsi va ma route, désespérée, jusqu'au jour où les questions qui se pressent en moi forment un barrage insurmontable, où les réponses ne me satisfont plus. J'ai la conviction de faire autant de dégâts que d'apporter des solutions chez les gens que je visite… et j'ai le sentiment d'avoir gâché non pas ma vie, car par bonheur j'ai maintenant une famille unie et heureuse, mais sans doute la qualité de cette vie, peut-être aussi celle des autres familles que j'ai perturbées… et très certainement tous mes dimanches dont j'ai fait jusqu'ici le sacrifice à un Dieu que je ne comprends plus. Je ne peux expliquer cette dichotomie qui m'habite : le désir de me révolter, assoupi mais toujours présent ; et le désir d'accepter la violence faite à ma conscience. Sur le fil du rasoir toujours, funambule désespéré, je garde encore l'équilibre, encore, encore…

Les réunions

J'ai treize ans... Je suis dans le jardin, chez mon grand-père, mais je ne peux pas m'amuser, jouir de ce printemps déjà bien installé. Ma Bible accompagnée d'une publication à la main, je dois préparer la prochaine réunion. Assise sur un banc, au soleil, je m'exécute, sachant que mon père, avec quelques questions, me percera à jour si je tente de « faire semblant ». Alors, adieu mon argent de poche, si jamais je m'amuse à ce petit jeu ! D'ailleurs, il ne me vient même pas à l'idée de tricher : impossible d'échapper aux réunions, j'ai l'habitude.

Omniprésentes, les réunions rythment la semaine du Témoin de Jéhovah, occupent pratiquement tous ses loisirs, et tendent vers un objectif unique : l'esclavage de l'esprit qui, ainsi envahi, ne possède plus ni le temps, ni l'autonomie pour se tourner vers d'autres occupations. Au programme de chaque semaine, cinq heures de réunion dans une Salle du Royaume des Témoins de Jéhovah, auxquelles il faut encore rajouter d'autres longues heures, chacune de ces réunions devant faire l'objet d'une soigneuse préparation personnelle. Si je me rends à la salle sans avoir préparé l'étude qui va suivre, je me sens coupable, encore coupable, toujours coupable de ne pas être à la hauteur de ce que Dieu exige de ses serviteurs, de ne pas faire de mon mieux, de ne pas donner assez de temps, d'offrir un mauvais exemple à ceux qui sont plus faibles que moi… Cette leçon, on me la répète plusieurs fois par semaine, et elle fait son effet, tant sur moi que sur les autres assistants : les « brebis » arrivent à la réunion la tête déjà pleine de ce qui va être enseigné.

C'est mardi soir, et c'est la première réunion de la semaine. Pour d'autres ce sera le mercredi soir, selon les congrégations qui se partagent la salle. Elle commence à dix-neuf heures et se termine à vingt et une heures. Les mamans préfèrent le mardi soir, car les enfants pourront ainsi récupérer le mercredi matin, mais elles n'ont pas le choix. Si la congrégation à laquelle elles appartiennent se réunit le mercredi, elles doivent se plier à cette discipline, car les femmes ne prennent part à aucune décision chez les Témoins de Jéhovah… tant pis pour les enfants ! Au cours de la deuxième heure de cette réunion, il commence à se faire tard pour les plus jeunes d'entre eux ; on les entend épisodiquement pleurer, s'agiter… Les mamans doivent alors se lever et sortir avec les petits dans les bras. Je me demande à chaque fois quel bénéfice elles peuvent retirer de cette deuxième heure de réunion qui vire parfois au supplice pour celles qui ont des bébés. À vrai dire, je ne me pose pas trop de questions, car tout cela me semble parfaitement naturel. Pourtant, je vois parfois des mères excédées administrer des fessées à des bambins de deux ou trois ans pour les « faire tenir tranquilles »… Aujourd'hui, c'est un petit garçon qui a trop tripoté le trousseau de clés de son père et qui l'a fait tomber par terre. Sa mère l'emporte à bout de bras vers le fond de la salle d'un air excédé, en colère. Je suis troublée et je me demande où sont l'harmonie et l'amour censés présider toutes ces réunions tenues sous le regard de Dieu.

Lorsque j'ai eu à mon tour des enfants, j'ai senti bien des fois le regard lourd de reproches des « anciens » responsables de l'ordre et de la discipline, et ce fut une raison de plus de renforcer la culpabilité pesante que je ressentais en ce lieu. Coupable de ne pas savoir élever mes enfants dans la discipline requise par les Saintes Écritures, et coupable de perturber le réunion, de détourner l'attention de l'assistance du sujet traité.

Je constate également que, pendant cette deuxième heure de réunion du mardi, les personnes âgées s'endorment souvent… mais je pressens qu'elles ne laisseraient leur place pour rien au monde, trop heureuses de ce moment de grâce qui les coupe de leur solitude et les plonge dans une microsociété où elles se sentent utiles, où elles sont accueillies chaleureusement. Au moins, elles s'assoupissent en compagnie… En dehors des mères suppliciées, des enfants harassés et des personnes âgées, il y a la masse de ceux qui sont entraînés dans ce cercle infernal mais qui n'écoutent pas vraiment. En fait, au fil des années, je m'aperçois que seul un petit nombre d'individus vient à la salle vraiment pour écouter, et je comprends cela malgré mon jeune âge. Ceux-là arrivent impeccablement préparés, pour montrer à l'auditoire qu'ils connaissent toutes les bonnes réponses. Ce sont pour la plupart des hommes, fiers comme des coqs lorsque les « anciens » responsables remarquent du pupitre leur docilité intellectuelle. Dociles, en effet, ils ne donnent bien entendu que les réponses fournies par le manuel étudié, car il n'est pas question de soulever une polémique ou de poser une question. La majeure partie de l'auditoire n'assiste aux réunions que pour avoir l'impression d'appartenir à cette communauté, ... et c'est sans doute pourquoi je suis là moi aussi.

Une congrégation se compose généralement d'une centaine de personnes venues d'horizons très différents. Elles se soumettent à une discipline librement consentie, mais contraignante, ainsi qu'à une hiérarchie subtile et pointilleuse. J'observe cette jeune fille dérangée mentalement qu'un frère va chercher chez elle pour l'amener à chaque réunion, ce couple de malades mentaux pesant au moins un quintal chacun et qui sourit béatement à l'orateur, cet homme qui, il y a peu, vivait comme un ascète, dans un taudis, se flagellant quotidiennement, cette sœur qui, gênée, ne s'exprime pas encore en français et qui reçoit, à domicile, un enseignement dans sa langue d'origine... Paumés ou asociaux que l'on a récupérés, soutenus, et finalement soumis, marginaux qui voient chez les Témoins de Jéhovah le reflet du rejet qu'eux-mêmes éprouvent envers la société en général, enfants de Témoins qui ne peuvent « décrocher » par crainte de représailles familiales ou du chagrin qu'ils pourraient causer à leurs proches, déçus des religions traditionnelles... mais aussi adeptes honnêtes et scrupuleux qui, pour montrer à Dieu qu'ils Lui font le sacrifice de leur vie, sont prêts à appliquer à la lettre chacune des consignes émises par l'Organisation des Témoins de Jéhovah, y compris celles qui érigent la délation au rang de vertu et leur permet ainsi de se mettre en valeur auprès des responsables locaux de la secte. Voilà, en fin de compte, de quoi se compose une congrégation.

Le mardi soir, au cours de cette première réunion de la semaine, une heure est consacrée à « l'école théocratique », dont l'objectif est de former des orateurs accomplis et des prédicateurs chevronnés. On y retrouve le point commun à tous les extrémismes religieux sous n'importe quelle latitude : un machisme navrant. Les orateurs sont, par définition, des mâles, des « frères », et les femmes, les « sœurs », s'en tiennent au rôle de subalterne ; cela en vertu du principe qu'édicta saint Paul, voilà bientôt deux mille ans, dans le Nouveau Testament : « Je ne permets pas aux femmes d'enseigner » (1 Timothée 2, 11). Lorsqu'on lit les écrits de l'apôtre Paul sans *a priori*, on se rend compte qu'il était un ardent phallocrate. Il a, dans chacune de ses épîtres, stigmatisé la femme ainsi que le font les Talibans de nos jours. Ses écrits faisant partie intégrante de la Bible, ils arrangent bien les « frères » qui, appliquant les Écritures Saintes à la lettre, ont mis en place pour les femmes de la congrégation un schéma moyenâgeux proche de l'inquisition. Chez les Témoins de Jéhovah, la femme n'est qu'un être inférieur à l'homme, ainsi que l'enseigne la Bible, et elle a le devoir, voire l'obligation, de lui être soumise en tout, ne devant jamais prendre la moindre décision sans en référer à ce « chef » théocratique. Il est bien vu que la femme reste à sa place naturelle : au foyer. Faite pour le ménage et la vaisselle depuis la nuit des temps, elle n'est, chez les Témoins de Jéhovah, qu'un ventre reproducteur ou une source d'ennui. Elle est tout juste nécessaire, puisque Dieu a créé Ève, tout de même, mais j'entends bien ce conseil donné du pupître : il est recommandé aux jeunes hommes de ne pas se marier. Je ne suis qu'une petite fille, et mon père me fait bien sentir qu'il est le chef à la maison, mais je sais déjà que jamais je n'accepterai ce discours. Malgré ce qui est écrit à ce sujet dans certaines publications récentes, je peux constater, lors des réunions, que la « sœur » n'a pas voix au chapitre (ou si peu, si accessoirement), qu'il ne lui est reconnu aucune intelligence, aucun sens des responsabilités ; d'ailleurs, on ne lui en confie pas. Bref, elle n'a aucune valeur humaine. Il est assez mal vu qu'une femme de la congrégation exerce une activité professionnelle, sauf si cela est absolument nécessaire pour subvenir aux besoins de la famille… « pour des raisons économiques », c'est correct. J'ignore comment ma mère pouvait supporter ces outrages, mais elle a toujours travaillé et a longtemps été considérée comme une bonne enseignante dans sa profession. Cependant, dans la secte, une femme n'est pas à sa place si elle pense par elle-même, si elle manifeste de l'intelligence, un certain esprit critique, si elle a une quelconque ambition qui lui permettrait de s'élever dans la société. Femme chrétienne… femme crétine, voilà ce qu'on lui demande. « Soumise à son mari comme à un chef » disait l'apôtre Paul, et, de cette citation, chez les Témoins de Jéhovah, on use et on abuse : pas une semaine sans qu'elle ne soit rappelée du pupitre, et lors de cette « école théocratique » du mardi soir, elle devient une évidence. Lire un chapitre de la Bible à l'auditoire et en donner un bref commentaire ? Réservé aux hommes… même à ceux qui ne savent pas lire, j'en ai vu, et qui réciteront par cœur leur commentaire final qu'un autre frère aura mis au point pour eux et leur aura fait répéter soigneusement. Des séances parfois pénibles, pathétiques… Toute l'assistance connaît leur problème. L'orateur est terrorisé. Il prononce en bégayant un peu sa courte phrase d'introduction et fait semblant de lire dans sa Bible les versets qu'on lui a attribués. C'est difficile… L'auditoire retient son souffle, mais généralement le temps imparti à cet exploit s'écoule rapidement. Soulagé, l'orateur héroïque récite sa conclusion et retourne à sa place. Une autre fois, ce sera un jeune garçon de sept ou huit ans qui s'exprimera dans les mêmes conditions devant un parterre de gens attendris… Présenter un exposé de six minutes afin d'argumenter, d'accréditer une théorie selon des critères bibliques ? Réservé aux hommes encore… Durant cette heure de cours, douze minutes seulement sont consacrées à l'expression des femmes. Cependant, il leur est interdit de parler debout du pupitre et de s'adresser directement à l'auditoire : cela reviendrait à « enseigner » et donc, à enfreindre l'ordre formel donné par l'apôtre Paul. Les sœurs se cantonnent donc, une fois sur l'estrade, à une saynète préparée. Celle qui a été choisie pour défendre un point de vue indiqué dans le programme doit s'asseoir à une table et s'adresser à une autre personne de son sexe, puisqu'une femme ne doit pas « enseigner » à un homme non plus. Les deux femmes ainsi offertes aux regards du public ne doivent à aucun moment se tourner vers lui, mais faire semblant d'avoir une conversation totalement privée… que tout le monde écoute cependant ! À aucun prix elles ne doivent « manquer de modestie », toujours selon les Saintes Écritures, c'est-à-dire se mettre en valeur d'une manière ou d'une autre. Des règles strictes, bien que non écrites, régissent la façon dont ces sœurs doivent être vêtues pour avoir le privilège de tenir leur discours sur l'estrade, pour que l'auditoire écoute leur conversation imaginaire. Tout d'abord, le port du pantalon est formellement interdit, quelles que soient sa coupe et sa couleur : les frères considèrent que c'est un vêtement d'homme, et que, pour une femme, le porter revient à se travestir, un point c'est tout. Même en dehors des circonstances particulières, il est extrêmement mal vu et même périlleux de venir assister à une réunion en pantalon. Attention, les femmes qui se travestissent sont directement inspirées par les démons pour détourner les autres chrétiens de la bonne voie. Alors, chez les Témoins de Jéhovah, on fait la chasse aux pantalons, parce qu'ils « choquent la conscience collective de la congrégation », réplique employée par les « anciens » et ressassée en mille et mille occasions, à chaque fois en fait qu'une sœur ose sortir de la norme et faire preuve d'un peu d'originalité.

Bien entendu, quelques années plus tard, je me suis parfois rendue aux réunions en pantalon… rien que pour voir… Je n'étais pas là depuis cinq minutes qu'un ancien arrivait vers moi pour me tancer sévèrement et me donner mauvaise conscience ; mais dans le domaine vestimentaire au moins, je peux dire que je n'ai jamais éprouvé cette mauvaise conscience, car je ne comprenais pas où les « frères » voyaient le mal. Je n'ai jamais été un sex-symbol, je prenais soin de porter un pantalon de teinte neutre qui ne moulait pas mes formes ni ne m'avantageait plus que ne l'aurait fait une jupe. Au-delà de cette fumeuse « conscience collective » toujours choquée, j'avais des yeux pour voir que personne, jeune ou âgé, n'était perturbé par ma tenue vestimentaire qui n'avait rien de provocant. Effectivement, pendant toutes ces années où les braises de la rébellion ont couvé en moi, personne, si ce n'est les « anciens », n'a jamais fait de remarque négative au sujet de ma tenue. Quelques sœurs, qui savaient d'instinct que je ne rapporterais pas notre conversation, s'étonnaient de mon audace, de ma ténacité, et me confiaient combien elles seraient soulagées si elles avaient un époux aussi tolérant que le mien. C'est curieux, c'est uniquement dans la bouche de quelques femmes que j'ai entendu ce mot de « tolérant ».

Les années ont passé, et j'ai maintenant vingt-cinq ans. Ce mardi soir, la sœur qui doit présenter son sujet à l'école théocratique est absente. Du pupitre, le responsable demande donc une volontaire pour traiter la discussion au pied levé. Aussitôt, je me propose : exposer ainsi un sujet sans préparation, faire appel à ma vivacité d'esprit, cela me tente toujours plus que de réciter un dialogue longuement répété... Mais voilà que le frère me dit, du pupitre et devant toute l'assistance : « Je regrette, ta tenue n'est pas suffisamment modeste et théocratique pour te permettre de monter sur le podium »... Je porte ce soir-là, et je m'en souviendrai toujours, un pantalon noir accompagné d'une longue tunique écrue par-dessus. Personnellement, j'avais longuement considéré le passage de la Bible ainsi rédigé par l'apôtre Pierre : « Que la femme ait une tenue bien en ordre. » J'y souscrivais. Ce jour-là, je n'avais pas le sentiment d'enfreindre cette règle : ma tenue était bien en ordre.

Je suis mortifiée de cette réflexion en public. Il y a quelques remous dans l'assistance. Je ne laisse rien paraître de ma confusion, jouant avec ma fille que j'ai prise dans mes bras. Une autre sœur se propose après moi, et son tour arrive de traiter ce fameux sujet, à l'improviste. Mais quelle n'est pas ma surprise lorsque je vois monter sur cette estrade exemplaire une femme grosse, âgée d'une cinquantaine d'années, les cheveux teints en rouge, mais surtout, affublée d'une minijupe en cuir qui moule disgracieusement ce corps à l'abandon et laisse voir des cuisses obscènes... Tout d'un coup, je suis dans une colère noire. Laquelle de nous deux porte ce soir-là une tenue choquante qui la rend indigne de monter sur le podium et de délivrer le message ? L'affront qu'on m'a fait devient du coup une mesquinerie de plus, une injustice flagrante destinée à briser mon esprit rebelle… mais au lieu de la briser, en me traitant de la sorte les anciens la font croître, cette rébellion. Je la sens en moi ce soir, palpable, et je la laisse grandir. Elle me demande ce jour-là, cette rébellion, si du haut du ciel Jéhovah, ce Dieu si puissant, rit ou pleure sur les convulsions de « son peuple » et de ceux qui le dirigent. Mais je suis jeune encore, je ne suis pas prête, je manque du recul nécessaire à la dérision. Je ne pense qu'à ma colère. Aussi, je prends une décision. À la fin de cette réunion, je vais voir le responsable de l'école théocratique, et lui demande de rayer définitivement mon nom de la liste des personnes susceptibles de présenter un sujet. Le frère ne s'attend pas, visiblement, à une telle décision, et mon audace engage sa responsabilité ; il devra rendre des comptes dans la hiérarchie des responsables pour avoir perdu une élève toujours bien notée. Pendant un quart d'heure, il tente de me faire revenir sur ma décision, mais, calmement, ma fille de quelques mois dans les bras, je lui explique mon point de vue, et je finis par lui dire qu'il a eu raison, que je ne suis pas digne de monter sur ce podium ainsi qu'il l'a fait aimablement remarquer à toute l'assistance, que la sœur X était en effet un bien meilleur exemple que moi en ce qui concerne la tenue qui sied à une chrétienne. Je préfère l'humour, ce soir-là, et je garde ma colère pour moi.

Je ne revins jamais sur cette décision, et ne présentai plus jamais de sujets depuis l'estrade. Cela n'avait pas d'importance : de nombreuses sœurs, élèves de l'école théocratique, venaient me consulter pour les aider à mettre en forme le leur d'une manière originale. Ceux qui m'avaient humiliée, rejetée pour mon « mauvais esprit » n'ignoraient pas que, d'élève, j'étais devenue professeur… mais ils n'y pouvaient rien, n'ayant pas encore édicté de règle régissant les conversations privées. Ainsi, je travaillais par procuration, glissant ici ou là une remarque sibylline, et mon caractère entier me préserva, au fil des ans, d'une moutonnerie imbécile. Et je continuai à me rendre aux réunions en pantalon.

À l'école théocratique, les participants qui ont la charge de traiter un sujet et d'arriver à une conclusion théocratiquement correcte prétendent le faire pour « édifier » – c'est le mot consacré – le groupe qui les écoute. Longtemps auditrice, j'ai constaté que c'est rarement le cas. Une bonne moitié des orateurs n'a aucune envie de présenter un discours public, si court soit-il, mais s'y force cependant pour conserver sa place dans la communauté sociale de la congrégation. L'autre moitié le fait non par amour pour le Dieu qu'ils invoquent, ni pour apporter quelque chose à ceux qui les écoutent… Ce n'est qu'un prétexte pour se mettre en valeur, pour briller un instant dans la lumière, parce que dans leur vie quotidienne, jamais cela ne leur arrivera. Alors, ils revêtent leur plus beau costume, nouent leur cravate du dimanche sur une chemise bien blanche, et se persuadent qu'ils font quelque chose pour Dieu et pour leur prochain… mais ils font seulement quelque chose pour eux-mêmes.

Cependant, tout n'est pas négatif dans cette école théocratique. Elle vient en aide à ceux qui éprouvent des difficultés à s'exprimer, en public ou non ; elle permet d'acquérir une certaine assurance et une bonne dose de confiance en soi. Mais à quel prix, en définitive ? Que devient la liberté intellectuelle, la richesse qui naît de la contestation ?

Après cette heure consacrée à l'école théocratique, tous les assistants se lèvent, la musique retentit, et tout le monde chante un cantique en suivant les paroles dans son propre recueil. Après cinq minutes pendant lesquelles chacun a secoué sa torpeur, tout le monde se rassoit et se plonge une heure encore dans ce qui est appelé « la réunion de service ». Chacun est invité à se pencher sur son comportement, sur les relations qu'il est de bon ton ou non d'adopter entre frères et sœurs au sein de la congrégation. Toutes les circonstances imaginables sont tout à tour envisagées : quelle conduite tenir vis-à-vis de celui qui a commis une faute ? Comment régler un différend, en évaluer la gravité ? On aborde à ce moment-là de la semaine le côté social des relations entre « frères », mais revu et corrigé, Bible en main, par les « anciens » et, surtout, par les publications à usage interne que l'Organisation des Témoins de Jéhovah met à la disposition des adeptes, et qui avalisent sans cesse le machisme sous-jacent, toujours en bonne place dans ces feuillets. Au bout de quelques mois, on ne s'en rend plus compte, mais ce sont toujours les mêmes idées qui reviennent, les mêmes termes, les mêmes passages de la Bible qui sont examinés, les mêmes versets que, comme tous les autres assistants, on recherche fébrilement dans les Écritures saintes, « Traduction du Monde nouveau ». Cet exemplaire de la Bible, propre aux témoins, est traduit d'après les manuscrits anciens par les Témoins, à New York. Si ces derniers clament haut et fort qu'une Bible reste toujours une Bible, on se doit de posséder cette version, « mieux traduite » disent-ils, et qui rend mieux la pensée de Dieu. Il est plutôt mal vu, à la Salle du Royaume, d'utiliser une autre traduction des Saintes Écritures. Pendant cette réunion, les femmes ne prennent jamais la parole. Seuls les frères se succèdent au pupitre. Cependant, s'il s'agit d'un sujet traité par questions et réponses comme c'est souvent le cas, les sœurs peuvent lever le doigt et, de leur place, être interrogées par l'orateur. Pendant cette « réunion de service », nous apprenons comment évolue notre mouvement dans telle ou telle partie du monde, et, surtout, surtout, comment ne pas faiblir dans notre détermination à rester « fidèles », comment s'abstenir de regarder avec envie ce qui se passe autour de nous, dans ce monde où nous vivons mais dont nous ne devons pas faire partie. On désapprend l'objectivité, on devient partial et méprisant afin de ne jamais se sentir attiré vers autre chose que cette communauté d'idées, cette Salle du Royaume, ces petits problèmes internes à la congrégation dont on gonfle outrageusement l'importance pour faire oublier qu'il existe autre chose au-dehors. Au bout de ces deux heures de réunion, si, par hasard, on avait quelques idées personnelles en arrivant, il n'en subsiste plus une seule, on n'a même plus envie de s'en souvenir ou d'en parler… en effet, il est plus de neuf heures du soir, et une journée de travail commence de bonne heure le lendemain matin pour la plupart des assistants, sans compter les enfants dont on doit encore s'occuper avant de songer à prendre un instant de repos… des enfants qui s'endorment invariablement sur le chemin du retour.

Le jeudi ou le vendredi soir, j'assiste à une autre réunion appelée « étude de livre ». Cette réunion qui dure une heure ne rassemble pas la congrégation tout entière. Elle se tient par petits groupes, chez des particuliers qui mettent leur salon à la disposition de la congrégation, les mêmes d'ailleurs que les « rendez-vous de service » destinés à la prédication, avec le même responsable. Depuis toujours, j'assiste à ces études de livre. Enfant, je m'y ennuie tout autant qu'aux réunions, mais le cadre est plus intime, plus familier.

J'ai six ans ; nous nous réunissons tous les jeudis soir chez une vieille dame, la sœur Dax, disparue depuis longtemps maintenant. Nous sommes tous assis autour d'une immense table de bois très sombre recouverte d'une vitre épaisse et brillante. Lorsque je le peux, je me place aussi loin que possible de mon père, et je passe, en douce, le plus clair de mon temps à souffler sur ce verre fascinant, à l'embuer pour y tracer de petits dessins bizarres… Je me cache, la tête entre mes bras, et j'éprouve à la vue de ces éphémères arabesques un plaisir infini dont je conserve le secret. Je n'écoute pas grand-chose, juste assez pour ne pas me faire punir si mon père m'interroge plus tard, et je m'évade en balançant mes pieds qui ne touchent pas par terre.

Je me souviens toujours de la petite fille solitaire que je fus, et qui soufflait ses rêves sur la vitre de cette table démesurée… des volutes de buée qui venaient la ternir au gré de ma fantaisie, des figures étranges ou des mots grossiers que mon doigt y traçait en cachette pour les effacer aussitôt. Je rêve encore parfois de cette petite fille… Puis j'ai grandi… Et la magie a disparu. Ne subsistait que l'ennui que je trompais avec la seule arme dont je disposais : la docilité. Je levais le doigt pour répondre aux questions que nous avions préparées en famille peu de temps avant, et lorsque mon père, qui présidait cette réunion, me désignait, je donnais sagement la réponse inscrite dans le paragraphe du manuel que nous étudiions. Personne ne posait de questions ni ne s'interrogeait sur le sens du contenu. C'est pour éviter toute possibilité de polémique lors d'une réunion que tout Témoin doit en faire une préparation soigneuse, familiale ou, s'il est seul, en compagnie d'un « ancien » qui vient à son domicile lui donner les explications *ad hoc*. Lors de cette « étude de livre », c'est le bureau national qui décide quelle publication doit être étudiée, ainsi que le nombre de chapitres et de paragraphes qui seront examinés. Et ce, longtemps à l'avance. Lors de cette réunion, on ne discute de rien, sauf de ce que le livre examiné contient. Cependant, les assistants se pressent de lever le doigt pour être interrogés et donner la seule réponse attendue. Quelquefois, un ange passe : quelqu'un a fait une réponse inattendue, a lu une phrase du texte qui ne correspondait pas à la question posée… un instant de gêne qui rompt la monotonie de cette réunion. Ce n'est pourtant pas très compliqué, car on y étudie toujours le même message : comment Dieu va détruire les méchants ; qui sont ces derniers ; ce qu'est la fausse religion ; le rôle des gouvernements de la Terre dans l'histoire biblique ; le rétablissement du Paradis sur la Terre ; l'iniquité de la théorie de l'évolution ; les prophéties concernant les derniers jours de l'actuel système de choses ; comment obtenir la faveur imméritée de Dieu… Oui, comment, justement ? Au fil du temps, j'ai au moins trouvé ma propre réponse à cette dernière question, à mes dépens : en faisant de sa vie un enfer, en s'excluant totalement de la société des hommes pour démontrer à ce Dieu son indéfectible attachement. Enfin, l'heure est écoulée, l'étude s'achève par une longue prière que tous les assistants écoutent tête baissée, et puis chacun rentre chez soi… Cette fois encore, il est près de neuf heures du soir et je suis fatiguée, comme peut l'être un enfant qui se lasse de ces séances trop répétitives. Mais c'est encore une soirée de gagnée pour Dieu, une soirée que l'on a consacrée à Lui Seul, une soirée pendant laquelle on n'aura pas le temps de regarder cet instrument du Diable qu'est la télévision, une soirée où l'on ne pourra pas, non plus, sortir en famille ou tout simplement s'amuser un peu, car ces choses-là sont trop futiles pour un vrai chrétien. Empli du sentiment pervers de la fraternité, l'esprit vide, au bord du vertige, le vrai chrétien rentre chez lui complètement rassasié de nourriture spirituelle.

Il reste encore deux heures de réunion pour occuper la fin de la semaine ; encore une fois, ce sont deux heures interminables à la file, l'une derrière l'autre. Généralement, elles se tiennent le dimanche après-midi. Ainsi, chez un bon chrétien, toute la journée du dimanche aura-t-elle été sacrifiée à Dieu… Quelquefois, dans certaines congrégations progressistes (mais critiquées), ces deux heures se situent le samedi soir. Dans ces congrégations-là, les adeptes jouissent d'un grand privilège : une demi-journée de liberté le dimanche pour faire ce que bon leur semble ! Mais en attendant, voilà encore deux heures d'enseignement auxquelles sont soumis adultes et enfants, qui sont considérées comme les plus importantes de la semaine.

Pour commencer, j'assiste toujours à une conférence dont le titre fait référence à un sujet d'actualité, un problème plus ou moins percutant, mais dont on résoudra, je le sais malgré mon jeune âge, la difficile équation dans le dernier quart d'heure, par la démonstration pédagogique et invariable que le Royaume de Dieu, après avoir détruit les organisations politiques et religieuses impies de ce monde, résoudra tous les problèmes abordés précédemment… ce qui, d'ailleurs, ne saurait tarder, la colère de Dieu est imminente. Ces discours sont construits selon une progression rigoureuse, destinés à attirer et fasciner ensuite un large public. La critique de ce qui nous entoure y est aussitôt suivie d'une pédagogie positive sur ce que Dieu nous réserve. Pour la plupart, ces discours sont intéressants, au moins pendant la première demi-heure, lorsque le sujet porte sur l'histoire, la géographie… mais, trop souvent, c'est une actualité facile qui domine et reviennent inlassablement, toujours et encore, les mêmes phrases qui me bercent le cerveau de semaine en semaine depuis des années, comme une antienne : « Éloignez-vous du monde ! » « Restez au sein du peuple de Dieu, celui qui vous protège de tous les dangers. » Alors, tout doucement, au fil des mois, tout le monde se laisse séduire par cette ambiance de gentillesse lénifiante… Mon jeune âge me rend réceptive à ces messages alarmants et, moi aussi, le monde extérieur commence à me faire peur. Quelle hydre m'attend donc au-dehors, prête à me dévorer ? Je me persuade, j'y crois aussi… on a d'ailleurs tant de raisons d'y croire, la chose est présentée avec tant de logique, une logique qui, si on la regarde de plus près, est implacable, inhumaine, qui écrase la réflexion, l'objectivité… Alors, tandis que l'enfant, puis l'adolescente que je suis apprend la crainte, pendant cette quatrième heure de réunion de la semaine, dans la touffeur d'un dimanche après-midi ordinaire, je m'évade, et j'observe autour de moi les vieux qui dorment, émettant parfois un léger ronflement, les enfants qui s'agitent ou qui jouent carrément avec quelque objet incongru, les adolescents piégés qui se cachent pour faire des mots croisés à l'abri de leur Bible, et que j'imite en douce de temps en temps, lorsque mon père est au pupitre, ou cette sœur éminemment respectée qui, sous son sac-paravent, lit paisiblement un roman policier de la collection « Le Masque » dont j'aperçois la couverture jaune… Un tiers de l'assistance environ écoute cependant et, dans un froissement soyeux, ouvre sa Bible et recherche le verset cité à chaque invite de l'orateur. Enfin, c'est la conclusion qui, toujours, pousse à l'action et pourfend celui qui ne se soumet pas, celui qui doute. Tout le monde applaudit ; les personnes âgées se réveillent brutalement et se mettent à applaudir à l'unisson. Ensuite, l'assistance chante encore un cantique et, tandis que le soleil éclate au-dehors, pendant que la vie continue, commence inévitablement la cinquième heure de réunion de la semaine.

Nous entamons l'étude d'un article de *La Tour de Garde*, étude la plus importante, à ne manquer sous aucun prétexte. Ce périodique est un maigre bimensuel d'une trentaine de pages, édité pourtant en cent dix langues et diffusé à plus de quinze millions d'exemplaires à travers le monde, ce qui fait la fierté de l'Organisation des Témoins de Jéhovah. Dans chacune de ces *Tour de Garde*, rouage essentiel de la secte, se trouve un programme d'étude étalé sur deux ou trois semaines, à traiter par questions et réponses, exactement avec le même procédé employé précédemment lors de l'« étude de livre » du jeudi. Toujours la question posée du pupitre, imprimée au bas de la page, correspond à une réponse précise donnée dans le paragraphe en cours de traitement. Il serait d'ailleurs tout à fait impensable d'en suggérer une autre. Au cours de ces « études » (qui n'en sont pas), on examine des sujets on ne peut plus sérieux, que l'on prétend étudier en profondeur : les prophéties de Daniel ou d'Esaïe, leur signification pour notre époque ; la vie du Christ et ses paroles, ou plutôt ce qui se cache derrière ces paroles et que seuls les Témoins sont aptes à décrypter ; les ordres que nous ont transmis les apôtres dans leurs écrits ; comment chacun de nous doit produire les fruits de l'esprit et non ceux de la chair ; comment avoir une attitude chrétienne à chaque moment de notre vie et pendant toute notre existence ; comment ne pas succomber au piège du matérialisme ou à celui du sexe, ou à un autre encore… Et, lorsque au bout de trois ans environ tous les sujets ont été épuisés, *La Tour de Garde* les ressort, légèrement réactualisés, et alors, hé bien on recommence ! Je ne suis pas bien vieille, mais j'ai déjà examiné certains de ces sujets plusieurs fois !

Comme d'habitude, depuis que je suis mariée je prépare cette étude du dimanche dès le lundi soir, en compagnie de mes parents, qui se déplacent chez moi à cette occasion. J'ai trente-sept ans, et maintenant quatre enfants. Je supporte de plus en plus mal cette dictature de la pensée. Aujourd'hui, la lecture d'un paragraphe met le feu à une révolte trop longtemps contenue. Il s'agit de résoudre bibliquement les problèmes qui peuvent surgir dans une famille. On y expose clairement la situation d'un couple dont le mari désire partir en vacances à la montagne, tandis que son épouse préfère aller à la mer. *La Tour de Garde* résout le problème ainsi : si après discussion les époux ne parviennent pas à trouver un accord, la famille se rendra à la montagne puisque tel est le choix du mari auquel Dieu a attribué le rôle de « chef ». Et sa femme n'a plus qu'à se soumettre à cette décision arbitraire… Je vois rouge ! Mais où est l'amour dans cette solution ? Les rapports au sein d'une famille sont-ils seulement des rapports de force régis par une hiérarchie divine ? Je me révolte, et je ne me prive pas de m'exprimer, puisque je suis chez moi. Je tempête et je crie, et cela provoque entre mon père et moi une terrible dispute. Bien que mes parents ne viennent me rendre visite qu'à l'occasion de cette étude, je ne peux m'empêcher de me mettre en colère. Comment comprendre, et encore moins accepter un tel manque d'objectivité ? Mon père est, à ce moment-là, depuis près de quarante ans acquis d'avance aux thèses des publications des Témoins de Jéhovah, quelle que soit l'explication avancée. Je m'aperçois tout à coup qu'il lui est devenu impossible d'exprimer une opinion personnelle un tant soit peu contraire à celle de la secte : mon père est devenu un infirme de la pensée… et, hélas ! il l'est resté… Vais-je devoir devenir comme lui ? Quelle horreur ! Alors, aujourd'hui, je dis non, et c'est pour moi un petit pas de plus vers la liberté. Ce soir-là, mes parents me quittent furieux. Fin de l'étude du lundi soir.

Par curiosité, il m'arrive encore de lire, de temps en temps, les publications éditées par les Témoins de Jéhovah. Je suis profondément attristée, mais pas étonnée le moins du monde, de constater que rien n'y change, qu'il y est toujours constamment fait référence aux « temps décisifs et durs » que nous vivons, et que seront prochainement exterminés les humains « amis des plaisirs plus qu'amis de Dieu ». Dieu et le plaisir sont-ils forcément antagonistes ? L'Ancien Testament, je m'en souviens pour l'avoir étudié, nous présente un Dieu qui commandait à son peuple des danses et des fêtes… pour son plaisir ! Je remarque encore, hélas ! que sont condamnés les bavardages inconsidérés et les ragots, et que, pour illustrer ce propos, figure comme toujours, en bonne place, l'image dégradante de femmes en train de papoter : les hommes sont-ils donc toujours des saints, muets de surcroît ? J'y trouve également toujours la même prescription : tout ce qui ne vient pas de la Bible et des publications des Témoins de Jéhovah ne peut venir que du Diable, Satan ou ses démons, cités dans pratiquement chacun des articles. Je suis choquée de constater que les enfants ne sont toujours pas mieux traités qu'il y a quarante-cinq ans… Si j'en ai fait l'amère expérience, je pensais que l'amour prendrait l'ascendant sur la discipline, au moins dans ce domaine de l'éducation des enfants. Mais toujours, répétitivement, on prescrit aux parents l'application stricte de ce verset du livre des Proverbes chapitre vingt-deux verset quinze : « La folie est attachée au cœur de l'enfant, la verge de la correction l'éloignera de lui. »

Ce verset résonne dans ma tête, car, non seulement je l'entends à la Salle, mais encore mon père m'en fait une lecture pratiquement quotidienne à la maison. Je sais ainsi qu'il a raison d'être aussi sévère, de me corriger, mais je sais pourtant que je ne suis pas folle… Ce matin, dans la cour de la maternelle où je suis inscrite, j'ai ramassé un chewing-gum par terre, et je l'ai mis dans ma bouche, pour voir ce que c'est, comment ça fait… mon père refuse de m'en acheter, mais moi, je veux éprouver cette nouveauté. Mais le voilà qui vient me chercher, alors j'ai peur, je jette le chewing-gum maladroitement, et il me voit… Ses yeux se chargent de colère. Il ne dit pas un mot pendant notre trajet jusqu'à la maison, et je sais que ce n'est pas bon signe. Une fois rentrés, il m'administre une solide correction. Peut-être que je suis folle, après tout… Puis je grandis, mais j'entends toujours le même verset, j'entends les orateurs conseiller encore la sévérité et la correction pour les enfants, je les écoute disserter sur la « grenadine », qui est une bonne fessée rendant le derrière bien rouge… Celui qui s'adresse ainsi à l'auditoire, hilare, a lui-même des enfants ; je les regarde, et nous nous comprenons d'un coup d'œil. Je regarde ma mère, et je vois que, comme les autres, elle baisse le tête et fait semblant de regarder dans sa Bible. Peut-être après tout que je ne suis pas folle ?

Plus tard, bien souvent, j'ai vu des parents corriger physiquement leurs enfants au fond de la salle de réunions pour une peccadille… Maintenant, avec l'âge, j'imagine les adultes qu'ils sont peut-être devenus, leur personnalité détruite comme le fut la mienne, leurs repères anéantis, et portant le fardeau de leur souffrance avec le sentiment d'avoir déçu leurs parents… L'isolement perpétuel du reste de ses semblables, cette lèpre invisible, est-ce la volonté de Dieu, de ce Dieu qu'on dit d'amour ? Je n'ai pas eu l'occasion de voir souvent une famille heureuse et unie chez les Témoins de Jéhovah. Elles sont rares, protégées par une sorte de grâce que rien ne peut atteindre… ainsi était la mienne, celle que je formais avec mon mari, mes enfants, et qui était ma protection. Pendant de longues années, je n'ai vu aux réunions que des femmes asservies, brimées, éteintes, et des enfants réduits mentalement en esclavage comme des singes savants, assoiffés d'un amour qu'ils ne recevaient que bien rarement.

À cette étude du dimanche, traitée par questions et réponses, la dernière année que j'y assiste se produit un incident qui m'aide à m'affranchir un peu plus de ce que je perçois maintenant comme une dictature. Au moment de choisir parmi les doigts levés celui qui aura le privilège de répondre, le responsable, du haut de son pupitre, pose ostensiblement les yeux sur ma fille aînée qui, pleine d'espoir et de bonne volonté, désire répondre pour me faire plaisir. Mais, et cela dure depuis plusieurs séances, l'orateur ne l'interroge jamais. Après trois semaines de ce traitement, je vais vers lui et lui demande la raison d'une telle attitude. Il me répond alors : « Toi et tes enfants, vous avez un caractère rebelle ; il ne serait pas théocratique de vous donner la parole. Vous devez changer. » Certes, je suis au fond de moi une rebelle, mais jamais je ne me fais remarquer pour cela. Ma fille n'a que onze ans… comment peut-elle être coupable à ma place ? Je sais, alors que j'écris ces lignes, que ce monstrueux petit chef est toujours un « ancien » responsable d'une congrégation… cependant, je le remercie de tout mon cœur de sa partialité, de son injustice, de sa haine envers moi et ma famille. Jusqu'à ce jour-là, j'avais gravi une sorte d'échelle de la manière suivante : une gifle, une marche ; une gifle, une marche ; toujours déchirée entre ma soif de liberté et l'affection de mon père. Mais ce jour-là, à cette minute précise où je l'entends me lancer cette phrase, je sais que je ne sacrifierai pas mes enfants, comme je l'ai été moi-même, sur l'autel d'une discipline trop rigoureuse.

Pourtant, j'avais encore du chemin à parcourir pour atteindre la liberté. C'est un chemin long et difficile lorsqu'on est ainsi entravé par sa famille, humilié par ses semblables, culpabilisé depuis l'enfance.

C'est ainsi que, tout doucement, cinq heures durant, semaine après semaine, on enfonce dans la tête du sympathisant ce clou qui l'anesthésie tout en lui donnant un peu plus à chaque fois l'impression qu'il est quelqu'un d'important, au centre d'un système d'essence divine. À ces cinq heures de réunion, il lui faut ajouter au moins trois heures de préparation et autant de prédication… Cela fait plus de dix heures, quarante heures par mois de moins à réfléchir, à se consacrer à un loisir quelconque et, surtout, à penser à l'orientation donnée à sa vie. Des heures de fuite en avant obligatoires et pernicieuses, destinées à briser toute velléité de réflexion personnelle, à s'emparer de chaque personnalité ainsi offerte, à violer ce qu'il y a d'intime en chaque être humain : lui-même créé pourtant à l'image de Dieu.

La hiérarchie

Comme dans de nombreuses sectes ou autres organisations aux motivations obscures, on retrouve chez les Témoins de Jéhovah une structure hiérarchique pyramidale. Il est curieux de noter que les femmes, c'est-à-dire plus de la moitié des adeptes, sont totalement exclues de cette hiérarchie : elles sont, de par leur nature, considérées comme des êtres inférieurs. Bien entendu, cette ségrégation de type raciste est justifiée par la Bible, comme toute chose dans cet univers, tant par le modèle du tout-puissant patriarche des sociétés hébraïques de l'Antiquité, que par les paroles sacrées de l'apôtre Paul – toujours lui – qui déconsidère la femme car elle est « un vase plus faible ». Mais, malgré cette injustice évidente, les femmes, il faut bien l'admettre, acceptent de gré ou de force de constituer pour toujours la base soumise de cette pyramide. On leur confiera cependant quelques privilèges, comme celui de nettoyer les toilettes par exemple… et même celles des hommes, ce qui est, ma foi, un grand honneur !

À l'étage au-dessus de cette base soumise et silencieuse se trouvent précisément les hommes, tous potentiellement susceptibles de s'élever dans la hiérarchie.

Pour commencer à grimper un échelon, ils doivent faire la preuve d'une indiscutable maturité spirituelle auprès d'un petit nombre d'« anciens », personnages qui, dans une congrégation, ont déjà monté pas mal de marches et conquis le pouvoir. Ces « anciens », il faut les séduire pour obtenir enfin cette promotion qui permettra d'exercer un ascendant sur ses semblables, une position que, précisément, beaucoup n'ont aucune chance de décrocher dans la société civile du « monde ». Alors, les candidats donnent encore plus : plus de présence, plus de prédication, plus de zèle, plus de services rendus avec un empressement voisin de la servilité, et, évidemment, une conduite irréprochable selon les critères des publications de la secte. Par exemple, « tenir » sa famille, sa femme et ses enfants, quels que soient les moyens employés, constitue indiscutablement un plus pour monter une marche. L'aspirant passe donc par une phase d'observation minutieuse, un laps de temps assez long pour que son comportement puisse être passé au crible, mais pas trop cependant afin de ne pas le décourager. Lorsque enfin il apparaît aux anciens qu'il satisfait bibliquement à toutes les exigences, ils le nomment publiquement « serviteur ministériel ». On lui attribue alors le privilège d'assister à quelques réunions supplémentaires, réservées aux seuls initiés à cet échelon, et on lui confie une tâche correspondant à ses capacités. Il commencera par un travail d'importance mineure, ingrat de préférence, pour tester son endurance et son assiduité : compter les assistants, accueillir les nouveaux venus aux réunions, faire partie du « service d'ordre » pour que l'assistance reste silencieuse et que le bruit éventuel des enfants ne perturbe pas l'orateur, ou bien encore, distribuer des publications derrière un comptoir. Des tâches qui n'ont pas une réelle importance, certes, mais qui doivent tout de même être accomplies, qui motivent ceux qui les reçoivent comme un cadeau du ciel, qui les encouragent à persévérer dans leurs efforts pour accéder à la marche suivante, la place que tous convoitent. Mais pour aller plus haut, le serviteur ainsi aiguillonné doit, évidemment, déployer une activité encore plus débordante de zèle et donner encore plus de son temps. La période nécessaire pour parvenir à cette deuxième étape sera bien plus longue que la précédente, le comportement du candidat encore plus finement observé et jugé. Lorsque les anciens seront sûrs d'avoir trouvé la perle rare, lorsque tout esprit critique aura abandonné le postulant, alors on confiera à ce serviteur une tâche plus importante, une responsabilité qui lui donnera accès à quelques secrets et, ainsi, il aura l'impression d'être investi d'une parcelle de ce pouvoir qu'il désire maintenant plus que toute autre chose, désir masqué habilement par le service de Dieu. Il pourra s'agir, par exemple, du service des comptes de la congrégation, qui est une charge ingrate et difficile. Ensuite, parfois au bout de plusieurs années, sa conduite étant demeurée irréprochable et sa fidélité sans limites, les anciens l'admettront parmi eux, et il sera publiquement nommé ancien à son tour. À ce stade, son pouvoir reste limité, mais les miettes qu'on lui en donne, il en goûte l'ivresse totalement. Dans un premier temps, on va lui confier la direction d'un rendez-vous de service, puis de l'école théocratique s'il en a les capacités intellectuelles. Il assoira ainsi sa positon et apprendra à exercer l'autorité dont il devra faire preuve un jour. Au bout d'un certain temps, ayant assimilé tous les rouages de la machine, il sera admis comme membre du Comité judiciaire de la congrégation, chargé d'appliquer les lois et sentences internes à la secte, et connaîtra les secrets de chacun des adeptes, les suspicions qui pèsent sur eux, les jugements que l'on porte sur eux… Bien plus tard, lorsque l'activité de prosélytisme aura suffisamment fonctionné, lorsque la Salle du Royaume sera devenue trop petite pour y accueillir tous les assistants, la congrégation sera scindée en deux et les anciens ainsi formés trouveront toute leur utilité, pour leur plus grande satisfaction. À la tête de cette nouvelle communauté, ce sera la promotion attendue parfois toute une vie. La charge de Surveillant-Président étant assez lourde à assumer, puisqu'il faut avoir des yeux et des oreilles partout, la nomination à ce poste n'est jamais définitive… ainsi, celui qui l'occupe n'étant pas certain de la conserver, il déploiera une activité modèle d'efforts et de zèle, encore, pour garder sa position. Certains anciens demeurent Surveillant-Président toute une vie, ne pouvant pas se détacher de leurs obligations familiales ou professionnelles pour occuper une place plus prestigieuse. Mais ceux qui sont chargés, du haut de la marche suivante, de les surveiller à leur tour, ceux-là ont fait montre d'une ambition encore plus grande, à la mesure du sacrifice consenti. On les appelle « Surveillants de circonscription ». Ils sont souvent célibataires, ou mariés, mais alors sans enfant, ce qui est une condition incontournable pour accéder à cette fonction. De plus, ils n'exercent aucune activité professionnelle et sont logés chez leurs « frères », dans une famille appartenant à la congrégation qu'ils visitent. Ils consacrent tout leur temps à veiller à la bonne marche d'un certain nombre de congrégations, prononçant en outre, pour une assistance différente pour eux chaque semaine, quelques discours supplémentaires appelés « discours spéciaux ». Enfin, leur tâche essentielle consiste à se réunir plusieurs heures chaque semaine, dans les congrégations visitées, avec les anciens responsables, afin d'examiner le comportement de chaque adepte et la manière appropriée de résoudre les différents problèmes posés par ceux qui possèdent une personnalité trop forte, de déterminer la manière de les faire rentrer dans le rang… C'est au Surveillant de circonscription que le Surveillant-Président de chaque congrégation et son collège d'anciens rend des comptes pendant toute une semaine, de manière périodique et régulière.

Pendant cette « semaine spéciale », chaque adepte rivalise d'audace pour recevoir à sa table ce prestigieux personnage, pour l'héberger chez lui. D'autres encore se disputent le privilège d'accomplir l'activité de prédication avec lui, ne serait-ce qu'une demi-heure. Ainsi, à ce niveau, une seule oreille écoute les confidences des uns et des autres, trie dans les divers commérages ce qu'il sera bon de retenir et de sanctionner, et tente d'obtenir confiance et faveur. Ces « surveillants » exercent en effet leur pouvoir à merveille et, sous une apparence d'humilité, perce sans cesse le petit culte de la personnalité tant décrié par ailleurs dans la communauté.

Sur la marche du dessus, car il y en a une évidemment, se trouvent les « Surveillants de district ». Ce personnage est chargé de faire le lien entre plusieurs circonscriptions et le bureau national, ainsi que de régler les litiges non encore résolus par les précédents responsables. Encore une fois, il s'agit d'un serviteur itinérant qui consacre entièrement sa vie à cette tâche. Ces personnages sont un paradoxe : eux qui sont chargés d'apporter une solution aux différends des uns et des autres sont arrivés sur une hauteur telle que, de toute façon, il leur est impossible de se souvenir, voire de se représenter ce qu'est la vie réelle, lorsqu'on a un loyer à payer, qu'on a un vrai travail et la responsabilité d'une famille. Continuellement logés et nourris chez leurs « frères », ils sont totalement déconnectés de la réalité et, trop conscients pour la plupart d'entre eux de leur importance, ils sont inabordables. C'est pourtant à eux qu'est confiée la tâche de donner des conseils aux autres, de les juger. C'est pourtant eux qui sont les dépositaires de tant de secrets… Encore une fois, lorsque ce personnage éminent visite une congrégation, deux fois par an environ, c'est l'occasion pour l'auditoire de quelques discours supplémentaires, qui ne sont en fin de compte que la répétition lancinante et incessante de ceux entendus précédemment.

Enfin, on arrive presque au sommet de la pyramide, tout au moins au niveau national. Il est intéressant de noter que, peu ou prou, cette structure est la même dans tous les pays où cette « religion » est implantée. La coordination nationale s'exerce depuis un bâtiment immense, appelé « Bethel ». Dans ce type de local, des dizaines de personnes, jeunes pour la plupart, travaillent bénévolement à la gestion de cette « entreprise » si particulière, principalement à l'imprimerie d'où sortent quotidiennement des tonnes de publications étudiées dans des dizaines de langues et destinées au prosélytisme planétaire. Les personnes qui travaillent dans ces « Bethels » sont généralement des hommes jeunes et célibataires, quelquefois des femmes ou des couples mariés, mais sans enfant, ce qui est une condition essentielle et principale à leur admission. De l'enceinte où s'élabore « la vérité », les enfants sont bannis à jamais. Comment peut-on apprécier ou conseiller des êtres que jamais l'on ne côtoie ?

Au « Bethel » vivent également des anciens, ceux qui dirigent le mouvement au niveau national. Dans cette sorte de conspiration théocratique, rien n'échappe à un œil vigilant. Le moindre événement jugé digne d'importance sera entendu, répété, puis consigné dans un rapport qui parviendra sans faute sous leurs yeux. À tous les niveaux, chacun joue son rôle d'espion de la bonne conscience de son voisin, persuadé d'agir ainsi pour le Bien universel. Ils sont les maîtres d'un système qui, sans eux, les anciens, ne pourrait fonctionner, et qui cautionne leur côté délateur.

Dans la ligne idéologique officielle de la secte, il n'est pas permis de considérer que la nomination des responsables, à quelque poste que ce soit, simples serviteurs ou anciens, même au sein du « Bethel », se fasse en fonction de l'attitude ou des compétences des aspirants. Ce ne serait que trop logique ! Non. Comme il s'agit d'une religion, il faut une pincée d'irrationnel, de surnaturel que l'on rend crédible avec l'aide de quelques versets de la Bible, pour satisfaire la soif de spirituel des adeptes et les soumettre plus vite à l'autorité ainsi nommée. Pour cette raison, les anciens déjà en place prétendent que l'Esprit saint les assiste, qu'ils s'en sont sentis investis et qu'il a parlé par leur bouche puisqu'il a présidé à leur choix. Pour justifier de telles affirmations, ils se réunissent longuement à huis clos, prononcent d'interminables prières qui sont le préalable indispensable à toute discussion. Ensuite, lors de la réunion publique qui suit, ils annoncent leur choix, non sans préciser à chaque fois que c'est l'Esprit saint qui les a guidés. Mais ces choix sont parfois tellement inappropriés ou teintés de népotisme qu'il leur faut une grande force de persuasion pour les faire passer. Ils y arrivent pourtant, et, s'il y a un miracle, c'est bien celui-là ! Bien entendu, n'étant qu'une femme méprisable, un être inférieur à l'intelligence limitée, je n'ai jamais assisté à l'une ou l'autre de ces séances ; mais mon mari, lui, qui fut un ancien pendant quelques années, m'en a fait quelquefois le récit, ainsi que quelques ex-adeptes.. convenant *a posteriori* que l'Esprit saint n'avait pas grand-chose à voir, en fait, dans ces discussions et ces choix d'un genre particulier. Si une seule candidature doit être examinée, si le candidat jouit de la faveur d'un ancien, alors l'Esprit saint se prononce inévitablement pour lui dans les plus brefs délais. Au contraire, s'il y a plusieurs postulants pour une seule fonction à attribuer, l'Esprit saint hésite... chaque ancien défend alors la positon de son poulain, et la nomination devient plus laborieuse. L'Esprit Saint est en difficulté ! Enfin, comme au terme de n'importe quelle négociation, les anciens parviennent à un accord. Généralement, c'est le plus persuasif, le plus résistant, comme en politique, qui remporte l'adhésion des autres. Plus tard, le Surveillant-Président fera, du pupitre, l'annonce publique selon laquelle l'Esprit Saint de Dieu, descendu les assister, a présidé au choix qu'il annonce. L'heureux élu, averti comme il se doit de sa bonne fortune, se rengorge d'un air d'orgueil satisfait, mais baisse cependant la tête : sa modestie ne doit pas être prise en défaut.

L'Esprit Saint endosse encore de plus grandes responsabilités, dans les congrégations comme dans les « Bethels ». On lui fait assumer également les décisions prises par les Comités judiciaires des congrégations, comité qui possède un pouvoir étendu, un pouvoir destructeur pratiquement illimité sur le plan psychologique. Les détenteurs de ce pouvoir de juge, c'est-à-dire les membres du Comité judiciaire, soupçonnent. Ils enquêtent, ils questionnent, ils espionnent et ils punissent… mais c'est toutefois l'Esprit Saint qui portera la responsabilité de leurs décisions. Sur la foi d'un soupçon ou d'une dénonciation, ils découvrent fatalement la faille qui va leur permettre de jouir en exhibant leur toute-puissance. Une cigarette, un verre de trop, l'addiction au café, une sortie suspecte, la fréquentation de « non-croyants »… Aucune intimité ne résiste à leur persévérance. Pour justifier cette attitude, ils ont un argument : « préserver la pureté de la congrégation ». Ce qui leur permet de s'insinuer dans la vie de chacun, de le convoquer, de se rendre à son domicile, de questionner son entourage. Lorsqu'ils s'en prennent à un jeune, ils vont d'abord s'entretenir avec ses parents, exprimant par des menaces voilées et inattaquables leur regret de voir une famille chrétienne jeter l'opprobre sur le nom de Dieu. Effrayés, ces parents exerceront eux-mêmes la rétorsion nécessaire à l'encontre de leurs propres enfants, devenant ainsi leur bourreau, au moins au sens psychologique du terme si ce n'est pire. D'une main, les anciens tout-puissants brandissent la Bible comme justification, et de l'autre la menace d'un désaveu public, devant toute la communauté. Ni l'amour ni l'Esprit Saint ne tiennent aucune place dans ce système qui vise uniquement à s'assurer la maîtrise totale et soumise des personnalités. On y rencontre trop souvent des relations de pouvoir et de peur, approuvées publiquement par la hiérarchie de la secte et confirmées noir sur blanc dans les publications comme étant la divine ligne de conduite. Au bout du compte, cette perversité finit par apparaître comme normale à tous les adeptes : ayant perdu tous leurs repères, ils donnent leur consentement à cette forme insidieuse d'inquisition. En outre, pour justifier ce système, la secte enseigne que c'est sur ce modèle « parfait » que fonctionnera le « paradis » lorsqu'il sera rétabli sur la Terre après « Harmaguédon »… En somme, c'est Dieu lui-même qui se retrouvera au sommet de la pyramide et deviendra alors un divin dictateur. Le plus drôle, ou le plus triste selon le point de vue que l'on adopte, c'est que, au bout de quelques mois seulement de ce sinistre rabâchage, chaque adepte finit par trouver ce système complètement cohérent et justifié.

Il ne faudrait toutefois pas s'imaginer que les Témoins de Jéhovah sont tous des êtres crédules, voire des imbéciles. On trouve parmi eux des enseignants, des avocats, des médecins, des administrateurs de société… des gens intelligents qui, je n'en doute pas, ont senti à un moment ou à un autre le piège, la perversion de cette course vers la perfection, vers une position dominante sur ses semblables, vers ce Dieu sur lequel on se décharge sans cesse de ses responsabilités. Mais ces personnes-là, à vrai dire, deviennent très vite des anciens, ceci expliquant sans doute cela.

Quant aux femmes, leur soumission à ce système qui fait d'elles des humains de seconde zone, alors qu'elles occupent dans la société civile une position enviable, leur conversion reste pour moi un mystère, mystère inhérent à tous les mouvements sectaires, effrayant et inexplicable. C'est le mystère de ma propre mère, qui, après avoir résisté quelques années avec parfois du courage, mais le plus souvent des larmes et de l'accablement, a fini par abdiquer et se faire baptiser à New York, en 1958. Je n'avais que neuf ans, et ce baptême scellait mon destin…

Le Comité judiciaire

1965.

J'ai quinze ans, et un formidable appétit de vivre que ne parvient pas à entamer le rigorisme quotidien imposé par la religion de mes parents. Je suis gaie de nature, et me rebelle contre tout ce que je considère comme injuste : cela m'arrive souvent. Mais aujourd'hui, je suis inquiète, j'ai peur… aujourd'hui, je vais comparaître devant le Comité Judiciaire de la congrégation, car j'ai commis aux yeux des anciens un crime abominable qui ne peut pas être réglé seulement en famille. Il faut me donner une leçon plus sévère, car je constitue un danger, je suis un mauvais exemple pour les autres membres de la congrégation. Mon crime ? Je suis allée au cinéma, en cachette de mes parents, en compagnie d'un garçon ordinaire qui me fait rire, qui me permet d'oublier les contradictions qui me déchirent et l'austérité de mon quotidien. Seulement, pour ajouter à ma faute, ce garçon n'est pas Témoin de Jéhovah ! Il n'est que le frère d'une jeune fille qui, elle, vient de se faire baptiser. Ce fait, à lui seul, constitue une violation de la loi de Dieu telle qu'elle est prescrite chez les Témoins : on ne doit fréquenter un garçon et sortir avec lui qu'en vue du mariage, et seulement avec un « vrai chrétien » bien entendu. Mon jeune homme à moi il a dix-sept ans, et il porte une veste de cuir noir, ce qui est irrémédiablement antithéocratique. Il porte également des mocassins à la dernière mode, avec une pièce d'un quart de dollar coincée sur le dessus de chaque chaussure, ce qui est trop frivole. Je le connais depuis longtemps, car sa mère offre son salon pour la tenue du « rendez-vous de service » et de « l'étude de livre » auxquels ma famille est rattachée. Donc, je vais souvent chez lui et, comme par hasard, je me rends plus volontiers à ces réunions depuis quelque temps. Je suis un peu étonnée : personne ne s'acharne, dans sa famille, à forcer ce jeune homme à devenir un Témoin de Jéhovah, bien que tous, parents et fratrie, soient des adeptes fervents. J'admire son indépendance, sa gaieté, sa façon d'être et de s'esquiver lorsque l'atmosphère lui semble un tantinet pesante : il est libre, et cela me fascine car je ne le suis pas. Je ne suis jamais sortie avec un garçon, et celui-là me plaît bien. Même lorsque j'ai le dos tourné, je sens son regard posé sur moi, et cela me plonge dans un trouble délicieux. Mais, à part quelques banalités, ce jeune homme ne m'adresse jamais la parole : il a certainement peur de mon père, comme tous les autres… Je décide de ne pas me laisser faire une fois encore, quelles qu'en puissent être les conséquences. Un beau jour de mars, je me dis : « Je veux que ce soit lui qui me donne mon premier baiser », et cette pensée me rend joyeuse. Un dimanche, à la fin d'une réunion à laquelle il avait par miracle assisté jusqu'au bout, je l'aborde et lui dis sans détour : « Tu sais, j'aimerais bien aller au cinéma avec toi. » C'est un peu cavalier comme procédé, mais je suis à la Salle du Royaume et je ne dois pas parler trop longtemps avec le même jeune sous peine d'être sévèrement réprimandée en rentrant à la maison. Toutefois ce procédé ne paraît pas le surprendre, car il accepte avec un sourire désarmant et me fixe un rendez-vous le vendredi suivant à quinze heures. Évidemment, je vais devoir en prime manquer les cours, mais au point où j'en suis au niveau des interdits que je vais franchir tous ensemble et d'un seul coup, cela n'a plus d'importance. Et puis, de toute façon, mes parents ne me font confiance en rien, alors, qu'importe ? Je suis poussée vers lui par une force irrésistible, je ne réfléchis plus, comme toutes les filles amoureuses.

Je le vois de loin ; il est venu me chercher presque devant le lycée Montgrand, et nous allons dans un grand cinéma de la rue Saint-Ferreol voir le dernier film de Belmondo. Je suis aux anges ; je ne pense pas du tout aux conséquences de ce que je suis en train de faire ; j'ai envie de vivre, et je fais ce que font toutes les filles de mon âge. Bref, je passe un après-midi formidable. Je reçois mon premier baiser, et c'est le garçon qui fait battre mon cœur qui me le donne !

Mais une fois rentrée à la maison, je sens la peur qui resserre autour de moi son étau. Je ne sais pas comment il a pu faire, mais, dès le lendemain, je suis sûre que mon père a des soupçons, je pense qu'il sait très précisément tout ce que j'ai fait la veille, qu'il connaît chacun de mes gestes… Ses yeux gris sont chargés d'orages, et quand ils se posent sur moi, je reconnais cette crispation de la mâchoire qui annonce une colère prête à éclater. Je ne dis rien, mais les questions se bousculent dans ma tête : comment a-t-il pu être prévenu ? Je sais que ce n'est pas mon frère qui m'a vendue. Il est au courant de tout, pourtant, et je l'ai vu signer avec un beau sourire complice le mot d'absence du lycée, imitant la signature de ma mère, car elle était bien plus facile à copier que celle de mon père. Ces derniers temps, une véritable complicité nous lie, mon petit frère malade et moi. Il a quatorze ans, et il est très intelligent. Sa maladie le rend lucide ; il voit bien que dans notre famille, entre la Bible, les coups, les punitions, les réunions, la prédication… la joie est absente le plus souvent. Alors, il m'offre tout ce qu'il peut pour que je sois heureuse. Lui, il m'aime vraiment, il m'écoute, il sait me consoler. Il a une nature très différente de la mienne. Il sait s'y prendre, dire « oui, papa » et faire exactement ce qu'il avait décidé de faire… en douce. Moi, je ne peux pas. Je dis « non », et je me fais punir. À l'exception de mon frère, je n'ai rien dit à personne de cette escapade au cinéma, si ce n'est à la seule amie que j'ai, Nelly, une sœur d'une quarantaine d'années qui, je le sais, éprouve pour moi une réelle affection. Comme c'est une « sœur », je ne lui ai pas dit grand-chose, malgré l'envie qui me tenaillait de partager mon secret : Nelly est restée célibataire et, du haut de mes quinze ans, je juge qu'elle ne comprendra pas les élans de mon cœur ni mon imprudence. Elle sait seulement que je suis heureuse à cause d'un garçon, elle sait lequel, et ses regards complices pendant les réunions me réchauffent le cœur.

Cependant, au fil des jours, l'atmosphère s'alourdit à la maison. Je sens autour de moi comme un étau qui se resserre. L'angoisse, la peur me saisissent et je dors de plus en plus mal. Quelques jours plus tard, mon père déballe tout ce qu'il sait avec une voix glaciale de colère retenue : je l'ai déshonoré, j'ai déshonoré Dieu par mon attitude scandaleuse. J'ai jeté l'opprobre sur son peuple tout entier : je vais être, pour cela, traduite devant le Comité judiciaire de la congrégation, pour sa plus grande honte à lui, le chef de cette famille, lui qui n'a pas su maintenir la conduite de sa fille dans le droit chemin. Ma mère ne dit rien… d'ailleurs, elle ne prend jamais ma défense. Elle me regarde d'un air mauvais : je ne suis sur Terre que pour lui compliquer la vie, comme elle me le répète sans cesse. Hormis mon frère qui, en silence, souffre pour moi, je n'ai aucun soutien. Puis, la sentence tombe : dimanche matin, je n'irai pas prêcher ; je serai jugée. Il me reste deux nuits à passer pour arriver à ce dimanche fatal, et je les passe dans une angoisse folle, torturée par la peur, l'attente, l'injustice.

C'est dimanche… Je suis là, dans la Salle du Royaume. J'ai peur. J'attends de passer devant mes juges qui, à l'étage au-dessus, sont en train sans moi de décider quelle punition honteuse me sera infligée. J'essaie de dompter ma révolte et mon chagrin, mais des larmes de frustration coulent malgré moi sur mes joues. Bien entendu, dans ce tribunal d'exception, je n'ai pas d'avocat, aucun soutien moral. La maman du garçon avec lequel je suis sortie est là, elle aussi : elle est Témoin de Jéhovah baptisé et, comme elle est veuve, elle est chef de famille, responsable de la conduite de ses enfants. Sans tenir compte de sa situation difficile, ni du fait que, illettrée, elle est sans défense, le Comité judiciaire va la sanctionner elle aussi. Elle n'a pas assez « surveillé » son enfant mineur… Pourtant c'est cette femme simple, assise à côté de moi, qui, à ma grande surprise, me réconforte. À voix basse, elle me dit : « Ne t'en fais pas » avec une sollicitude qui me touche. Je retrouve en elle ce qui m'a attirée chez son fils : la liberté des sentiments. Sa gentillesse ne fait qu'approfondir ma peine et ma solitude : je pleure de plus belle !

C'est le moment. On m'appelle ; je monte dans le grenier poussiéreux qui sert de tribunal et, soudain, me voici devant mes juges. Ils sont trois. Mon père, d'abord, à la fois juge et partie. Comme il est le Surveillant-Président de la congrégation, il est d'office le responsable de cette justice-là et se doit d'être d'une sévérité exemplaire puisque je suis sa fille. Je sens d'ailleurs qu'il ne laisserait sa place pour rien au monde. Les deux autres « frères » qui composent ce Comité judiciaire sont des hommes béats d'admiration devant mon père, lui qui représente tout ce qu'ils voudraient être un jour ; ils se feraient couper en morceaux pour obtenir de lui encore plus de responsabilités au sein de la congrégation. Tous deux sont mariés, mais sans enfant. Comment sauront-ils juger ma faute, moi qui n'ai que quinze ans ? Stupidement, c'est la première chose qui me vient à l'esprit lorsque je me retrouve devant eux, malgré la peur qui me tord le ventre. Mais aussitôt, je me rends compte de ma bêtise et de ma naïveté : ils feront évidemment ce que mon père attend d'eux… Je le connais si bien, mon père ! Perdu dans son monde d'intransigeance qui ne souffre aucune contradiction… La miséricorde qu'il magnifie ne pose jamais son ombre sur moi, c'est pourquoi je le redoute, moi qui voudrais tant m'abandonner à l'aimer, tout simplement. Le frère qui est placé à sa gauche est blond. C'est ce qu'on appelle un « pionnier spécial », quelqu'un qui n'exerce aucune activité professionnelle, qui passe tout son temps à concurrence de cent vingt heures par mois au minimum dans l'activité de prédication de porte en porte. En échange de ce « sacrifice », ses besoins matériels sont pris en charge par l'organisation des Témoins de Jéhovah qui lui verse une allocation, et par la congrégation à laquelle il est rattaché. Pour ces personnes complètement coupées du monde, la moindre des ambitions, le plus petit des actes sont étroitement liés à la communauté dans laquelle ils vivent. Ils se doivent d'y être des personnages exemplaires en tous points. Celui qui se tient à la droite de mon père est brun ; il est jeune et s'est marié il y a peu de temps… et il a le plus grand désir de devenir quelqu'un qui compte dans la congrégation. Aujourd'hui, il doit être satisfait. Mais voilà qu'ils m'interpellent, et mon esprit se vide. Je dois m'asseoir à la place de l'accusée, et répondre au feu roulant de leurs questions humiliantes. C'est drôle, soudain je n'ai plus peur. C'est comme une bête sauvage, tapie au fond de moi, que j'aurais enfin domptée. Ce que j'éprouve en ce moment c'est de l'angoisse, et c'est différent de la peur. La peur paralyse le corps et l'esprit, mais l'angoisse se résume à l'attente de ce que l'on sait inéluctable. Tous mes sens sont en éveil, au contraire. J'ai conscience, avec une acuité qui me surprend moi-même, que je suis juste la souris et eux les chats, parce que je n'ai que quinze ans et que je ne suis rien, tandis qu'eux sont adultes et qu'ils ont le pouvoir dans cet univers. Ils veulent que j'aie honte, que je reconnaisse mes torts, que je dise humblement que j'ai commis « une abomination », que je demande pardon… Mais je n'aurai pas honte. Pas à ce moment-là tout au moins. À cet instant, je les rejette de toutes mes forces et je réponds à leurs questions en essayant de faire le moins de dégâts possible. J'apprends l'hypocrisie. Mes larmes coulent toutes seules, mais ni elles, ni mon pauvre visage chiffonné n'ont l'air de les émouvoir. Malgré toute ma volonté, plus d'une heure plus tard, je m'entends leur demander pardon pour ce que j'ai fait. Je me dégoûte pour cela, mais je n'en peux plus, je suis moralement et physiquement épuisée. Alors, je me dis que je dois le faire, que c'est nécessaire, que ce n'est qu'un mauvais moment à passer… J'ai le cœur déchiré d'une blessure éternelle qui, jamais, ne cicatrisera. En écrivant ces lignes, trente-six ans après cette séance de torture, je pleure et me méprise toujours, tout comme je méprise tous les adultes du monde capables d'infliger cela à une enfant. Je suis là, et j'attends leur verdict. Dans un état second, je sens le sadisme jubilatoire de mon père s'exercer sur moi, bien plus violent et efficace que n'importe quelle torture physique. Je sens la pitié des deux autres « frères », ainsi que leur mépris ; je les vois dans leurs yeux lorsqu'ils rencontrent les miens ; mais j'y lis aussi une sorte de plaisir dont j'ignore encore la nature… Puis j'écoute la sentence, prononcée de la bouche de mon père qui tend vers moi son index : l'après-midi même, lors de la prochaine réunion publique, je serai désignée nommément du pupitre comme celle qui a eu une conduite indigne d'une chrétienne, afin de recevoir publiquement, avec la réprimande, la réprobation de la congrégation tout entière. On m'annonce que je vais être tenue à l'écart, mise en quarantaine.

Après un repas où ni mon père, ni ma mère, ni moi n'avons desserré les dents, on m'oblige à m'habiller pour me rendre à la Salle du Royaume. Rien ne me sera épargné. Après la conférence et l'étude habituelles, mon père, toujours lui, informe du pupitre les cent cinquante personnes réunies là ce dimanche que plus personne n'est autorisé à m'adresser la parole, afin de me faire comprendre la gravité de l'erreur que j'ai commise et de me ramener à une conduite chrétienne exemplaire. Des sanctions sont prévues pour ceux qui seraient tentés de ne pas respecter la décision du Comité judiciaire, et tout le monde est prié d'attendre une nouvelle annonce publique pour me faire l'aumône d'une parole. Pendant cette annonce humiliante, je suis debout. On m'a interpellée du podium et mon père m'a donné l'ordre de me lever pour ajouter encore à mon humiliation. Je ne pleure plus. Tout à coup, je me sens étrangère… Je me demande où est cet amour de Dieu dont on me rebat sans cesse les oreilles mais que, pour ma part, je n'ai jamais constaté ni dans ma famille, ni à la salle. Tandis que j'écoute ma condamnation brûle en moi une haine terrible, qui jamais ne s'estompera, pour tout ce qu'ils m'ont fait ce jour-là. Je suis soudain certaine que Dieu n'est pour rien dans toute mon histoire, malgré toutes les prières qu'ils m'ont infligées le matin même et toutes leurs simagrées destinées à appeler l'Esprit Saint au moment de décider de mon sort. Certes, je me sens coupable d'avoir menti et déçu mon père, mais je ne vois toujours pas où est l'extrême gravité de ce que j'ai fait. Je me vois telle que je suis, une jeune fille très ordinaire, dont la seule ambition est d'être comme toutes les autres, vivante, aimée, protégée par sa famille… Mais cela m'est refusé avec cruauté. L'amertume m'envahit et j'ai cette fois encore le goût de l'échec dans la bouche. Je voudrais tant que mon père m'aime, et je le vois s'acharner contre moi. Je sens qu'il n'aurait pas eu cette attitude extrême s'il s'était agi d'une autre jeune fille de la congrégation. Je sens, malgré la tristesse et l'accablement qu'il affiche pour la galerie, le plaisir qu'il prend à me voir ainsi humiliée. Certes, il veut devenir un saint et croit y parvenir en mutilant ma jeunesse et ma personnalité. Et je sais que, le soir venu, une fois rentrés à la maison, le moindre de mes mots fera se déchaîner sa violence. Ce n'est pas d'avoir subi l'humiliation publique qui me rend le plus triste, non, je suis triste parce que je suis sûre que mon père ne m'aime pas. Je suis triste parce que je lis sur son visage que je suis une merde et qu'il y a peu de chances que je devienne autre chose. Je lui fais honte… Il le dit là d'ailleurs, en ce moment, du haut de son estrade, que je lui fais honte, et, cette honte, il la porte sur la figure comme un étendard. Avant de partir à la salle, il m'a injuriée et m'a crié que j'étais une fille sans vertu dont plus personne ne voudrait. Il m'a hurlé que j'étais mauvaise… qu'il veillerait à ce que plus jamais personne ne me fréquente. Puis, froidement, il m'a expliqué que, dans un souci d'honnêteté, tout ce qui avait été dit le matin pendant la séance du Comité judiciaire serait consigné par écrit, de sorte que, dès qu'un garçon sérieux, un bon Témoin de Jéhovah, s'intéresserait à moi un jour, on puisse lui montrer le compte-rendu de cette séance ainsi que la sentence qu'on m'avait appliquée. Pour lui ôter les illusions qu'il nourrirait sur mon compte. Je suis trop jeune pour réaliser qu'il s'agit là d'un procédé fasciste. Je pense seulement que c'est injuste et dégueulasse, mais je ne dis rien. Je ne vois toujours pas le crime que j'ai commis, car, certes, je suis allée au cinéma avec un garçon et il m'a embrassée… mais je n'ai tout de même pas couché avec lui ! Et pourtant, malgré la douleur qui me dévore, je doute, comme longtemps encore je douterai. Ai-je raison de trouver ces procédés révoltants, ou bien est-ce que ce sont eux, en fin de compte, qui ont raison ? Suis-je une rebelle doublée d'une perverse ? Suis-je sortie avec ce garçon pour que la honte s'abatte sur ma famille, sur mon père, sur Dieu ? De cela au moins je suis sûre : c'est non. Je suis toujours debout. Je n'en peux plus. Cette sentence et le discours qui l'accompagne me paraissent interminables, et, en attendant que tout cela s'achève enfin, seule la souffrance que j'éprouve me permet de me sentir vivante alors que les regards de toute l'assistance sont posés sur moi. Je suis épuisée. Je ressens physiquement le rejet de cette communauté, les regards hostiles de ceux qui ne savent rien. En effet, la formulation « conduite indigne d'une chrétienne » sans autre précision ouvre la porte de leur imagination, eux qui ignorent ce que j'ai fait. Ils se disent certainement que la faute que j'ai commise doit être proportionnelle à la sanction qui m'est infligée... donc, je dois avoir fait une chose très grave pour mériter une telle punition. Nelly me regarde, des larmes plein les yeux... J'ai la gorge serrée, mais je sais qu'elle ne viendra pas me réconforter : c'est la règle, et elle s'y pliera. Je ne pourrai même pas aller lui demander si c'est, comme je le soupçonne, elle qui m'a dénoncée. Plus j'y réfléchis, plus je le crois, et cela ajoute à ma peine : elle était la seule à qui j'avais fait une confidence... et, en ce moment précis, j'ai besoin d'un exutoire à ma rancœur. Elle pose sur moi des yeux chargés d'amour et de chagrin... et je ne comprends plus rien. Au fond de ma gorge se forme une boule qui grossit et va m'étouffer, mais je me suis juré de ne pas pleurer. Mon frère, discrètement, me serre la main en un geste dérisoire de réconfort et de solidarité, le seul que je recevrai. Je lui serre la main en retour pour le remercier. Ma mère, je le vois, me méprise ; elle regarde droit devant elle vers mon père qui, sur l'estrade, tribun enragé, m'accuse d'avoir sali le nom de Dieu par ma conduite. Je me force à penser à autre chose. Je vois dans l'assistance quelques jeunes dont le regard se teinte d'une pointe d'envie : ceux qui n'oseront jamais. Je vois les regards des frustrés qui jouissent sans pudeur de mon humiliation. Je vois les regards satisfaits des donneurs de leçons. Je vois le regard plein de compassion de deux ou trois personnes qui souffrent avec moi... Je réalise que je ne suis en ce moment que le catalyseur des diverses émotions de toute l'assistance… Enfin, on me donne la permission, ou plutôt l'ordre, de m'asseoir ; je regarde ma montre, et je suis stupéfaite de constater que tout cela n'a duré en fait que dix minutes ! J'ai l'impression d'être restée au moins une demi-heure debout ! La main dans celle de mon frère, je décide de ne plus rien écouter. Je ne sais plus qui je suis ni surtout ce que je suis, mais je sais de quoi j'ai envie : je pense à ce garçon si simple et si gentil qui m'a regardée, moi, comme une véritable personne, comme quelqu'un qui méritait un peu d'attention, un baiser même… et je me dis que je vais le revoir. En effet, que peuvent-ils me faire de plus ? Je sais que le plus dur est passé maintenant, quoi qu'il arrive, et l'ostracisme dont je suis l'objet va me permettre de faire le point. La seule manière de prouver à tout le monde, y compris à mes parents, que je ne fais rien de répréhensible, c'est de le revoir justement, de tout lui raconter, de lui demander s'il est prêt à m'aider. Lui, il n'est pas Témoin de Jéhovah, et il se fiche sûrement comme d'une guigne de l'interdiction de m'adresser la parole qui vient de me tomber dessus. J'imagine déjà, pendant que l'assistance entonne un cantique, comment je vais devoir dissimuler, mentir, et je sais que j'y parviendrai. Pendant la prière finale, je décide de ma rébellion, qui sera mon salut puisqu'elle me permettra de survivre à ce dimanche d'avril.

Tout de suite après la réunion, je sors de la salle. Dans le hall, Nelly m'attend. Je lui demande tout de suite si c'est elle qui a parlé à mon père… mais Nelly esquive, elle ne me répond pas vraiment. Elle me regarde, puis elle me dit avec une grande douceur : « Il y a des choses que l'on ne voudrait pas faire, mais, tu sais, on est tenu de les faire tout de même. » Alors, je sais… je sais que c'est elle. Je m'en veux de lui avoir fait confiance, et je lui en veux terriblement de cette trahison. Pour une fois que j'avais une amie, quelqu'un à qui je pouvais confier quelques secrets ! Je me persuade que mon père a dû l'interroger pendant des heures, qu'on a dû l'obliger à répondre… J'aimerais tant que ce ne soit pas vrai ! Je suis si seule, Nelly… C'est maintenant que j'aurais eu besoin de toi, de tes bras autour de mes épaules, de ta chaleur, de tout ce que chez moi on ne me donne pas. C'est une affliction supplémentaire qui me blesse plus profondément encore, et qui me fait plus de mal que tout ce que j'ai subi aujourd'hui. J'éprouve soudain un désespoir total, le sentiment irréversible que je suis absolument seule, que personne ne sera jamais là pour me tendre une main secourable. C'est comme un vertige qui me saisit tout à coup… mais je ne cède pas, je serre les dents et je m'appuie contre le mur. Tandis que Nelly s'en retourne à l'intérieur de la salle, solitaire et désespérée, je m'efforce de ne penser à rien, et je chante dans ma tête « la plus belle pour aller danser » ! Les mamans dont j'ai si souvent calmé les enfants pendant les réunions passent devant moi comme si j'étais transparente… Laurette, Christine, Félix, des jeunes de mon âge, ne me saluent pas. Je suis définitivement seule, non seulement coupée du monde par l'enseignement de la secte, mais aussi coupée des seuls compagnons auxquels j'avais le droit de parler. Lentement, la salle se vide.

Je n'ai reçu aucune parole de réconfort. Mon père ayant la fâcheuse habitude de rester bon dernier après chaque réunion, ou bien de ramener en voiture une dizaine de personnes qui habitent loin, ou qui sont trop âgées pour marcher, nous rentrons cette fois encore à pied, mon frère et moi, en compagnie de ma mère. Courageusement, je romps le silence et lui demande :

« S'il te plaît, dis-moi seulement si c'est Nelly qui a parlé à Papa… (car je n'arrive pas encore à le croire malgré la réponse qu'elle m'a faite).

– Crois ce que tu veux, me répond ma mère sur le ton du mépris. Heureusement qu'il existe des gens qui ont le sens du devoir. »

Puis elle me tourne le dos, sans un mot de réconfort. Mon cœur se serre encore un peu plus, si c'est possible. Je me dis que je ne suis pas son enfant, que ce n'est pas possible…

1987.

Pendant vingt-deux ans, j'ai vécu avec cette rancune au fond de moi, cette pensée toujours douloureuse que Nelly m'avait trahie. Pendant ces longues années, je lui en ai voulu et j'ai porté le poids de sa trahison jusqu'aux larmes bien souvent, au souvenir de cette belle amitié perdue… Mais un jour, lors d'une de ces dernières réunions à laquelle j'assiste, Nelly est là, qui est venue bien qu'elle ne fasse plus partie de la même congrégation que ma famille depuis bien longtemps. Ma mère est près de moi ; elle aperçoit à son tour Nelly, et, soudain, elle me dit :

« Tu as toujours cru que c'était Nelly qui t'avait dénoncée à ton père, pour cette histoire, quand tu avais quinze ans ?

– Oui…

– Elle ne lui avait rien dit.

– Comment ? Mais elle m'a dit…

– Si tu avais mieux écouté sa réponse et la mienne, me coupe-t-elle, tu aurais pu le comprendre.

– Mais alors, comment l'a-t-il appris ?

– Il se doutait de quelque chose. Tu portais le plaisir sur la figure, et ce n'était pas normal. Pendant que tu étais à l'école, il a fouillé ta chambre jusqu'à ce qu'il trouve ton journal, tu sais, ce cahier où tu écrivais toutes ces conneries… Comme il ne voulait pas que tu saches qu'il fouillait dans tes affaires, il est allé demander à Nelly de te laisser penser que c'était d'elle que venait la fuite. Si tu veux mon avis, c'était très con de ta part d'écrire ces choses et de les laisser traîner. »

Après m'avoir asséné cette histoire avec sa dose de délicatesse coutumière, ma mère s'assoit et prend sa Bible et son cantique, tandis que je reste là, paralysée d'horreur et de regrets. J'ai trente-huit ans, un mari et quatre enfants, mais la stupéfaction me cloue sur place. Je ne peux littéralement plus parler ; je suis mère, et je me demande : comment une mère peut-elle se faire la complice de telles horreurs ? Mon estomac me fait soudain souffrir lui aussi ; je sors, et je vais vomir à l'abri des regards. J'entends l'assistance qui entonne le premier cantique, et jc rcconnais la belle voix de Nelly. Je me souviens, j'entends sa voix de ce jour-là, si lointain et si proche à la fois, cette phrase dont le sens caché m'apparaît tout à coup : « Il y a des choses qu'on ne voudrait pas faire et qu'on est obligé de faire quand même »… cette petite phrase qui avait changé ma vie, mon regard sur autrui, cette petite phrase qui avait à jamais dévoyé ma confiance… pour rien… pour rien… Dans ce tout petit jardin, je décide une fois de plus que j'ai payé définitivement le prix de mon salut éternel. Je mesure enfin l'innommable duplicité, le simulacre de justice de ce prétendu Comité judiciaire, qui n'avait servi qu'à assouvir le besoin d'autorité de mon propre père. Toute cette souffrance qu'il m'avait infligée sans témoignage, pour que cette idéologie théocratique assoie un peu plus son emprise sur mon jeune esprit.

Ce dimanche-là, à peine la prière finale terminée, je me précipite vers Nelly. Je lui raconte ce que je viens d'apprendre de la bouche de ma mère. Je lui dis que je ne connais la vérité que depuis une heure et demie. C'est une vieille dame, maintenant, mais ses yeux reflètent la même peine. Je m'entends lui demander pourquoi elle ne m'a pas parlé avant, dès mon mariage par exemple, nous délivrant ainsi toutes les deux… Je ne trouve pas les mots pour exprimer mon émotion, ma peine, ma révolte… Mais Nelly semble lointaine, étrangère. Elle n'est que le pâle reflet de l'amie que j'ai perdue autrefois. Je voudrais qu'elle sache, en souvenir du passé, que trois hommes investis du pouvoir du Comité Judiciaire ont tué un être plein de confiance et de foi grâce à sa complicité muette. Mais je ne trouve pas les mots…

Les années avaient passé. Avec de ma part beaucoup d'obstination et de la sienne beaucoup de persévérance, j'avais fini par épouser ce garçon patient et plein d'humour avec lequel j'avais osé me compromettre à quinze ans. En définitive, j'ai eu beaucoup de chance de le rencontrer et de braver pour lui tous les interdits de la secte. Mais qu'en fut-il pour lui ? Pour avoir le droit de m'adresser la parole en public, ou seulement d'envisager l'espoir fou de s'asseoir à mes côtés aux réunions, mon bel amour dut subir mille tortures et consentir mille sacrifices. Avec moi s'envola sa belle liberté. Sa nouvelle vie consistait à étudier la Bible avec les anciens de la congrégation qui faisaient ensuite leur rapport à mon père, à devenir irréprochable, à changer ses habitudes vestimentaires et sa façon d'envisager la vie, à aller prêcher… Pour l'amour de moi, il dut devenir un vrai Témoin de Jéhovah, vouer sa vie à Dieu et démontrer son engagement par le baptême.

N'ayant moi-même jamais joui de la liberté, ce n'est que bien des années plus tard que j'ai pris la mesure de ce qu'il avait volontairement abandonné. Comme il m'aimait ! Car, si intégrer les Témoins de Jéhovah est moins difficile pour un homme que pour une « simple » femme, j'imagine que ce dut tout de même être difficile pour lui de renoncer à son libre arbitre. Personne ne peut abandonner cette part essentielle de soi-même avec joie. Mais lui fit ce sacrifice pour moi, c'est pourquoi je suis sûre que j'ai eu de la chance. Au fil des années, au fur et à mesure que je faisais sauter un à un les verrous dans ma tête, petit à petit, j'ai senti grandir en moi la confiance inébranlable qui nous lie mon mari et moi, car jamais je n'ai rencontré dans mon entourage un homme prêt à offrir sa personnalité, sa liberté, sa vie en somme sur l'autel de l'amour.

Pourtant, en cette terrible année de mes quinze ans, je ne pensais pas à tout cela. J'étais humiliée, meurtrie, blessée, trahie… Je sentais seulement la petite lumière qui brillait dans mon cœur pour lui et qui me permettait de survivre à un nouveau jour, puis à une nouvelle nuit. Je crois que je serais morte s'il m'avait abandonnée lui aussi.

Le Comité Judiciaire, cette institution destinée à soumettre, est toujours présent dans chaque congrégation de Témoins de Jéhovah. Il se compose de ceux que l'on nomme les « anciens », non pas à cause de leur âge, mais parce qu'ils appliquent dans leur vie tous les principes de la Bible d'une manière exemplaire Ces hommes détiennent un grand pouvoir, celui de juges de droit divin, rendant leurs sentences, inspirés de l'Esprit Saint. Avec quelques années de recul et une instruction religieuse plus complète, je ne peux m'empêcher de retrouver dans cette structure les mêmes règles que le pape Innocent III édicta au treizième siècle lorsqu'il institua la Sainte Inquisition. Le Comité Judiciaire s'immisce dans la vie privée des familles, traumatisant les jeunes, séparant parfois les couples… Pour la gloire de Dieu ? Tout est prétexte à jugement pour ce comité. Quelqu'un vous a-t-il vu dans un quartier peu recommandable ? Visite du Comité ! A-t-on raconté que, dans votre couple, vous avez des rapports sexuels trop fréquents ou « non convenables » ? Visite du Comité ! A-t-on vu vos enfants sortir d'une « boîte » ? Visite du Comité ! Avez-vous été surpris en train de fumer dans la rue par hasard ? Visite du Comité et sanction immédiate ! La liste, hélas ! n'est pas exhaustive… Je n'avais pas eu le courage ou la lucidité de réagir pendant toutes ces années. J'étais anesthésiée, indifférente. J'avais seulement eu du mal à survivre à cette horreur. Mais j'avais survécu, soumise et domptée, j'avais fini par trouver la situation normale, normale la terreur d'être surprise en train de me livrer à une activité jugée « non convenable », normale la dictature. Maintenant, enfin, je suis libre, et j'écris ces lignes pour dénoncer cette violence faite aux âmes, invisible et dévastatrice, cette violence dont je souffre encore aujourd'hui. Mon histoire lamentable n'est qu'un banal exemple de ce que ces « Comités Judiciaires » peuvent faire subir aux « brebis égarées » afin de les remettre dans le droit chemin, substituant à la justice et à l'amour une torture morale d'autant plus facile qu'elle est presque toujours acceptée par les victimes. Érigeant la délation en vertu, cette autorité s'emploie par tous les moyens à gommer les aspérités des personnalités un peu trop affirmées, un peu trop indépendantes. D'ailleurs, l'une des premières choses que l'on enseigne aux futurs adeptes lorsqu'on étudie la Bible avec eux, c'est qu'il leur faudra, comme le demandent le Christ et ses apôtres, « abandonner leur ancienne personnalité pour en revêtir une nouvelle » (Éphésiens 4, 22 à 24). Semaine après semaine, on leur inculque les attitudes à adopter. Et en effet, leur personnalité ils l'abandonnent peu à peu pour l'amour de Dieu, sans s'en rendre compte eux-mêmes, au profit d'une aliénation discrète aux yeux du monde en général ; ce monde qu'ils renient un peu plus chaque jour et dont on les détache, les soumettant à une doctrine de plus en plus rigide et bien plus contraignante qu'ils ne l'avaient pas imaginée. C'est une mécanique qui broie les personnalités lentement, mais sûrement, et dont on devient très vite le prisonnier, incapable même de se rendre compte qu'il se passe quelque chose d'anormal, car l'anormal est devenu la règle et le normal une chose à bannir. Grâce aux anciens, à une fraternité de façade bien organisée, au Comité Judiciaire qui veille, on se sent tout de suite à sa place dans cette logique et, plus que tout, cette place on tient à ne pas la perdre, c'est devenu la seule chose qui nous relie à nos semblables, puisque nos amis d'« avant », nous les avons éloignés de nous comme on nous l'a demandé, ou bien ils ont eu peur de ce que nous étions devenus.

En fin de compte, malgré toutes les excuses que je peux me trouver, je suis inexcusable. Maintenant que j'ai le recul suffisant pour porter un jugement sur cette vie que l'on m'a volée, sur ces humiliations que j'ai supportées, je me méprise parce que pendant toutes ces années, je me suis laissé faire en pensant que l'amour d'un père pouvait se payer de ce prix. Mais lorsque j'étais à l'intérieur de ma prison mentale, chez les Témoins de Jéhovah, je me méprisais également, car on ne cessait de me faire toutes sortes de remarques : je ne prêchais pas assez, j'étais mauvaise aux yeux de Dieu pour une foule de raisons… Délivrée enfin de cette gangue, mon esprit a retrouvé son sens critique au bout de ce long chemin de douleurs. Cependant, rien ne repousse après une telle destruction de l'âme, ou si peu, si lentement ! Aujourd'hui encore, je n'ai pas de repères, je ne suis de nulle part, et j'ai la nostalgie de cette vie que j'aurais pu vivre autrement. Mes souvenirs sont des douleurs, mes rêves sont des cauchemars, ma liberté nouvelle me laisse un goût de cendres. Je regarde vers l'avenir, vers l'espoir, vers mes enfants, avec l'espoir qu'un jour, peut-être, c'est la joie qui me submergera. Le temps qui passe, doucement, referme quelques blessures, et l'être humain, en définitive, est bien plus solide qu'il n'y paraît.

La tyrannie

L'année de mes quinze ans, lorsque je commençai à fréquenter ce garçon qui, trois ans et demi plus tard, deviendrait mon mari, je n'imaginais pas le nombre considérable d'obstacles qui nous attendaient sur cette route que nous avions décidé, finalement, envers et contre tout, de suivre ensemble. Après ma comparution devant le Comité judiciaire, je traversai seule une période de dépression et de révolte consécutive à ma condamnation. J'étais isolée, méprisée, révoltée, et je ne savais pas comment celui que j'aimais déjà si fort allait réagir. Par bonheur, il ne m'abandonna pas, mais il lui fallut payer à son tour le prix de notre entêtement. Malgré son travail, malgré les menaces, il venait me voir tous les jours à la sortie du lycée. J'étais sans cesse suivie, épiée, constamment sous surveillance. Mais ces instants volés étaient pour nous plus précieux que tout. Moi, je lui faisais une confiance sans réserves. Il était mon seul repère dans un monde hostile, mon seul ami. Nous n'avions pas beaucoup de temps, car je devais rentrer à la maison à l'heure dite, à la minute près, sous peine de recevoir une correction bien sentie. Cependant, j'attendais ce moment de la journée avec une grande impatience. Et puis un jour… il ne vint pas. J'étais très inquiète. Jamais je n'ai pensé qu'il m'avait laissée tomber, car j'étais sûre qu'il partageait mes sentiments. Je savais qu'il lui était arrivé quelque chose de grave. À la maison, comme tous les jours depuis ma condamnation, l'atmosphère était pesante. Je n'avais pas le droit de parler, même à ceux qui constituaient ma famille, puisque je l'avais « salie ». Je ne pouvais donc partager mon inquiétude avec personne, si ce n'est mon frère, pendant les rares moments où nous étions seuls tous les deux. Je passai une nuit blanche, et j'attendis la sortie des classes du lendemain dans un état second. Là encore, personne… Comme je n'avais aucun doute sur la force du sentiment qui nous unissait, j'étais certaine que quelque chose ne tournait pas rond. Je ne me sentais plus, par ailleurs, ni épiée, ni suivie. Bizarre. À la maison, mes parents se parlaient à voix basse, en apartés singuliers, et ne semblaient plus aussi décidés, moins rigides dans leur comportement envers moi. Mon père avait perdu tout à coup son arrogance, ce qui ne faisait que renforcer mes inquiétudes. Bravant l'interdiction de parler, je tentai de les questionner, mais ils ne me répondirent pas. Ils détournaient le regard et parlaient d'autre chose, ou allumaient la radio. J'attendis d'être seule avec mon frère ; s'il savait quelque chose, il me le dirait, je savais que je pouvais compter sur lui. Le troisième jour, dévorée par l'angoisse, l'occasion se présenta enfin et je me retrouvai seule avec mon frère. Ce qu'il me raconta me bouleversa : le jeune homme que j'aimais avait tenté de se suicider. Il était à l'hôpital. Je ne pouvais imaginer une chose pareille. Loin de lui, désarmée, impuissante… il m'était matériellement impossible de me rendre à son chevet, car l'hôpital où il était soigné se situait en banlieue. Mon frère tentait de me rassurer. Il me racontait qu'il était sorti d'affaire… mais je pleurais d'angoisse et de frustration. Il me fallut attendre quelque temps avant de savoir ce qui s'était passé, mais je finis par avoir le fin mot de l'histoire lorsque mon amoureux fut en mesure de me la raconter. Devant notre détermination à poursuivre une relation qu'il considérait comme un défi personnel, mon père avait pris la décision de jouer encore une fois sur le registre de la terreur, et de rendre une petite visite au domicile du jeune homme qui avait l'audace de m'aimer. Il lui dit qu'il n'était qu'un minable sans instruction ni éducation, il lui dit que jamais il ne le laisserait me fréquenter, il lui dit que je n'avais que quinze ans et qu'il pouvait le traîner en justice, il lui dit que six années devraient encore passer avant que je ne sois majeure et libre… Il le menaça, ainsi que sa famille et je savais hélas ! ce que la colère faisait à mon père : il n'avait alors plus rien de « théocratique » ! Bien entendu, mon père ne me parla jamais de cette conversation, mais je sais que, quelques instants après son départ, ce jeune homme, désespéré, avala une quantité incroyable de médicaments divers, car il ne voyait pas d'autre issue à notre situation, ni pour moi, ni pour lui. Il avait dix-huit ans tout juste. Il travaillait dur pour subvenir aux besoins de sa famille depuis la mort de son père. Il n'avait pas l'habitude de la colère, de la haine. Il avait cru ce que mon père lui disait avec tant de hargne : il n'était ni assez instruit ni assez bien pour moi… je me lasserais d'attendre… il n'était qu'un minable… Alors, le désespoir l'avait emporté.

Par bonheur, il avait un frère qui, lorsqu'il arriva, s'étonna de le voir couché au beau milieu de l'après-midi. Ne recevant pas de réponse, il alerta sa mère. La pauvre femme était elle aussi encore sous le choc de la visite de mon père. Témoin de Jéhovah, elle ne pouvait pas refuser de lui ouvrir sa porte, mais elle souffrait pour son fils.

Mon amoureux fut sauvé. Il conserva pendant des années des séquelles rénales à la suite de cette aventure, mais il était vivant et il m'aimait toujours.

Conscient d'être allé trop loin, d'avoir risqué une vie humaine, effrayé des conséquences qu'aurait pu avoir cette fois-ci sa visite intempestive, mon père relâcha quelque peu les restrictions qui pesaient sur moi. Cette fois, la nature humaine l'avait emporté d'un cheveu sur la théocratie, et il devait se dire qu'il lui fallait se calmer un peu sous peine d'avoir la conscience chargée d'un crime. Quelques semaines plus tard, il se trouva que le Surveillant de circonscription visitait notre congrégation et logeait chez nous, comme d'habitude. Dans ma détresse, j'eus alors de la chance, car ce frère était un homme bon et juste. Il n'était pas avide de montrer son pouvoir par des sanctions cruelles comme l'était mon père. Il ne pensait pas seulement au bien-être collectif de la congrégation, mais il se souciait également de chacun de ses membres, moi y compris. À ma grande surprise, il se rangea de mon côté, et je me souviendrai toute ma vie de cette conversation surprise entre deux portes, incognito, alors qu'il parlait à mon père. Comme il était son supérieur hiérarchique dans la secte, mon père acceptait volontiers de l'écouter, de suivre ses conseils. En substance, il lui disait : « Certes, ce jeune homme n'est pas Témoin de Jéhovah, mais toute sa famille l'est, c'est un bon début. On va lui faire savoir que, s'il veut vraiment que cette relation avec ta fille se poursuive, il doit se mettre à étudier sérieusement la Bible. Il se fera baptiser et deviendra un bon frère. » Je ne comprenais pas la perversité d'un tel raisonnement, et je n'en croyais pas mes oreilles. Accablée par la situation que je vivais depuis des semaines interminables, je ne vis là que le côté positif des choses : pour moi, il accepterait ! Je retournai dans ma chambre le cœur plus léger, et lorsque le frère m'appela, je lui parlai longuement de ce que je vivais dans ma famille, dans ma tête… C'était bien la première fois que quelqu'un d'important se souciait de moi sans me menacer de quoi que ce soit ! Il promit d'aller lui-même voir celui que j'aimais, de lui exposer les conditions de ce marché, en somme : renoncer à moi ou se convertir et devenir un Témoin de Jéhovah.

Ce qui fut fait… Par amour, il finit par se convaincre que c'était bien la vraie religion qu'on lui servait sur un plateau plusieurs fois par semaine, à domicile. Au bout de quelques mois, les sanctions qui pesaient sur moi furent publiquement levées, et alors je ne sentis plus les regards qui m'humiliaient. Il n'y eut pas de grand discours, ce fut fait très rapidement, comme en catimini, mais cela m'était bien égal, car j'avais remporté une grande victoire. Je ne voyais que le bonheur d'être enfin autorisée à fréquenter au grand jour celui que j'aimais. Pour moi, cela semblait normal, facile, de le voir devenir Témoin de Jéhovah à son tour. Je n'avais jamais connu autre chose et je savais que c'était un passage obligé… Mais pour lui, qu'en fut-il ? Que ressentit ce jeune homme amoureux devant la perte de sa liberté, l'enchaînement moral à cette doctrine rigide ? Il ne m'en parla jamais, et c'est à cette aune-là que je mesure aujourd'hui son amour qui jamais ne me fit défaut. Il était prêt à mourir pour que cessent les persécutions engagées contre moi, et à se convertir pour être libre de m'aimer.

Lorsqu'il sembla évident que l'œuvre de prosélytisme et de persuasion avait parfaitement fonctionné en ce qui le concernait, lorsque les anciens estimèrent qu'il avait suffisamment donné de preuves de sa sincérité, nous fûmes un peu plus libres. Nous n'avions plus besoin de nous voir en cachette, de mentir pour quelques minutes volées à la terrasse d'un café. Comme avant, il venait me chercher à la sortie du lycée, mais désormais il était reçu à la maison. Mes relations avec mes parents s'améliorèrent quelque peu, bien que la surveillance étroite qu'ils exerçaient sur notre couple fut pesante. C'est à peine si nous pouvions nous embrasser de temps en temps, ou nous tenir la main. Mais nous étions si jeunes... L'espoir, l'enthousiasme, les projets balayaient toujours en moi les souffrances, reléguant aux frontières de la conscience les blessures qui m'avaient été infligées cette année-là. Pourtant, à jamais douloureuses, ces terribles épreuves me réveillent encore la nuit, et elles m'accompagneront sans doute jusque dans la mort.

Pour l'heure, ma joie de vivre reprenait le dessus. Peu à peu, mes parents en venaient à apprécier celui qu'ils avaient voulu écarter avec une énergie aussi farouche. Il n'avait pas fait d'études, il travaillait avec ses mains, mais ils en vinrent à l'aimer. Et lui qu'ils avaient méprisé, blessé, manipulé comme une marionnette, lui les aima à son tour parce qu'il avait le cœur pur. Ne mettant plus en doute notre attachement mutuel, mes parents changèrent d'attitude du tout au tout : nous étions fiancés, bien qu'aucune fête n'ait été organisée pour célébrer l'événement, et ils emmenaient mon fiancé en vacances, l'été, pour que nous ne fussions pas séparés. Certes, nous n'avions pas une seule minute en tête à tête, et jamais nous n'étions autorisés à rester seuls tous les deux loin des regards, car mes parents pratiquaient la méfiance à un degré jamais égalé. Mais nous étions ensemble, et c'était tout ce qui comptait pour nous. J'ai le souvenir d'avoir éprouvé un immense sentiment de fierté lorsque je fus autorisée à présenter mon futur mari à mes grands-parents, mes tantes et mes oncles… Tous l'aimèrent et l'acceptèrent au sein de la famille. C'est à cette époque que mon père cessa peu à peu de m'administrer ses magistrales corrections à coups de baguette. Peut-être étais-je en train de devenir une adulte à ses yeux ? Cependant, si les coups étaient moins fréquents, la crainte de quelconques représailles était toujours présente. Je devais sans cesse surveiller mes actes, mentir au besoin. Et si jamais je lui fournissais un prétexte sans le faire exprès ? Si jamais « il » changeait d'avis ? Mon univers était régi par la peur érigée en système d'éducation, celle que les Témoins de Jéhovah appellent la « crainte salutaire ». On devient son propre directeur de conscience, impitoyable, pas parce que l'exemple que l'on veut donner autour de soi est important, mais uniquement de peur que nos mauvaises actions ne soient découvertes et rendues publiques par nos « frères ».

Nous nous sommes enfin mariés trois années plus tard, le dix-sept février 1968. J'étais en classe de terminale, et nous avons dû attendre la majorité de mon époux pour la cérémonie. À cette occasion encore, même le jour de mon mariage, je fus contrainte de me plier aux exigences de mes parents, dictées par une morale sectaire et une interprétation tendancieuse des commandements de la Bible concernant la modestie requise au sujet de la tenue vestimentaire de la femme. Mon grand-père m'offrait ma robe de mariée et, pour une fois, on m'avait permis de choisir une magnifique tenue en étamine de laine blanche, avec une cape assortie et une grande capuche, un peu comme celle qu'avait portée Sylvie Vartan (qui était secrètement mon idole), le jour de son mariage. C'était une robe longue, une belle robe, une robe de fée que toute jeune fille souhaiterait revêtir le jour le plus important de sa vie. J'en étais éblouie. Ma mère était même venue au magasin avec moi pour le premier essayage. Mais mon bonheur fut de courte durée… Lorsque mon père apprit qu'il s'agissait d'une robe longue, il exigea que robe et cape fussent coupées à la hauteur du genou ! J'étais consternée… Il me disait que c'était au nom de la morale chrétienne, que je devais faire preuve de modestie… Mais au fond de mon cœur, je savais qu'il s'agissait encore d'une de ses manœuvres. Il voulait une fois de plus me montrer qui était le chef, qui détenait l'autorité et le pouvoir de me priver de tout plaisir. Je n'étais pas aveugle tout de même : j'avais vu bien des mariages chez les Témoins de Jéhovah, et la mariée portait dans bien des cas une robe longue, sans que personne, jamais, n'ait fait de commentaire au sujet de son manque de modestie… Mais j'eus beau supplier, mon père ne céda pas. Lorsqu'il estimait avoir suffisamment discuté, ou peut-être lorsqu'il se rendait compte que ses arguments étaient sans grande valeur, il finissait immanquablement par me répondre : « C'est comme ça et pas autrement. Je suis le chef de cette famille et c'est moi qui prends les décisions. Si cela ne te convient pas, ne te marie pas. D'ailleurs, tu sais que je peux encore renoncer à autoriser ce mariage. » Alors, je me taisais… En 1968, la majorité était établie à vingt et un ans, et je ne voulais pas attendre trois ans de plus pour me marier. J'avais besoin de l'autorisation de mon père et, jusqu'au moment où il aurait prononcé avant moi ce « oui » fatidique, j'étais bien forcée de lui obéir. Je l'écoutais me répondre chaque jour ou presque : « Une robe longue, ce n'est pas convenable pour une vraie chrétienne. Tu ne dois pas paraître trop riche, ni trop belle, tu dois être modeste et maintenant ça suffit, tais-toi ! » J'ai beaucoup pleuré, mais ma robe fut sacrifiée sur l'autel de la modestie. Elle fut impitoyablement raccourcie, et j'en ai gardé le regret toute ma vie. De tout ce que j'ai enduré, c'est la seule chose que jamais je ne pourrai pardonner. Aujourd'hui encore, lorsque j'assiste à un mariage, ou bien quand je vois une noce au hasard d'une promenade, j'ai ce pincement au cœur qui m'amène les larmes aux yeux, et je me dis « Pourquoi moi ? » Je pense toujours que cet acte de cruauté gratuite je ne le méritais pas. J'ai encore la rage au souvenir de ce pouvoir exercé contre moi. Pourquoi ? Pourquoi ? Toujours les mêmes questions, à jamais sans réponses.

Malgré tout, enfin, le grand jour arriva. J'allai chez le coiffeur et me maquillai très légèrement. Bien entendu, dès que mon père me vit, il m'obligea à ôter ce maquillage, toujours avec cette petite phrase : « Je peux encore dire non tout à l'heure si tu continues. » Mais ce fut là l'ultime brimade. Aujourd'hui encore, je reste persuadée que si mon père n'avait pas eu le cerveau totalement vampirisé par les doctrines sectaires des Témoins de Jéhovah, il n'aurait jamais manifesté cette volonté acharnée de briser mes rêves, volonté qui n'avait pas grand chose à voir avec la Bible. Je crois toujours que c'est un homme bon, au fond, et qui se fait violence pour ne jamais me le montrer.

Soudain, nous fûmes mariés… Enlevée la chape de plomb d'une surveillance continuelle, suspicieuse et pesante. Nous étions libres de nous aimer. Tout cela paraît ridicule aujourd'hui, mais pas chez les Témoins de Jéhovah. Chez eux, rien n'a changé en ce qui concerne les relations avec les personnes de sexe opposé.

N'importe quel couple ayant vécu une telle histoire se serait libéré après tant de persécutions. Nous, nous n'y pensions même pas : nous n'étions plus des gens normaux. Nous étions si totalement conditionnés que la soudaine possibilité de tout abandonner ne nous a même pas effleuré l'esprit. Nous étions dans un état de dépendance totale car, pendant ces années où nous avions lutté pour notre couple, nous construisions notre propre prison en composant avec notre conscience. Mon mari avait « bénéficié » d'une étude biblique, des réunions, et, peu à peu, il s'était laissé prendre au piège. On lui avait confié quelques tâches dans la congrégation et, tout naturellement, il était pris dans l'engrenage si efficace organisé autour de lui. Quant à moi, je ne pensais même pas que j'étais libre, puisque j'étais libre de l'aimer et que c'était tout ce que je voulais. Il fallut vingt années encore avant que, peu à peu, grâce à nos enfants, nos yeux ne se dessillent, avant que nous ne comprenions que la vie, la vraie, c'est parmi l'humanité qu'il nous fallait la vivre.

Cette tyrannie des âmes s'exerce encore aujourd'hui, brisant les volontés les plus affirmées par la manipulation habile du raisonnement d'autrui et le chantage affectif. Mais elle se cache, cette tyrannie, masquée, invisible, afin que chacun se persuade qu'il y a librement consenti.

Les loisirs

J'ai dix ans. Je suis dans la cour de récréation de l'école, et j'écoute ma copine Rosette qui me raconte ce qu'elle fait le jeudi, pendant ses loisirs : elle va à la danse ! En ce moment, elle prépare un spectacle avec ses camarades, et elle m'a apporté tout ce dont elle se sert, même le maquillage. Elle me montre les photos que ses parents ont faites, car, dit-elle, ils sont fiers d'elle… En somme, elle me dévoile comment elle vit, sur une autre planète. Je l'écoute, émerveillée, jusqu'à ce que la cloche sonne, et je vais me mettre en rang, la tête pleine de rêves.

Chez les Témoins de Jéhovah, le mot « loisirs » devient une incongruité, comme une perversion, quelque chose d'un peu obscène. Plus ou moins implicitement, il est enseigné que Dieu n'ayant nullement besoin de loisirs, l'homme, créé à son image, aurait beaucoup à gagner à s'en abstenir également. Toutefois, devant l'évidence de l'humaine nature, on se penche souvent dans les hautes sphères des responsables de la secte sur ce sujet trivial, cherchant les meilleures périphrases pour démontrer la vanité de n'importe laquelle des distractions existant sur cette Terre. Le chapitre des loisirs a plus que souvent sa place dans les diverses allocutions dispensées du pupitre, avec toute la condescendance et le mépris qu'il est de bon ton d'afficher devant un sujet aussi peu théocratique. Ces discours n'ont d'autre but que d'édicter, semaine après semaine, des sortes de règlements dans lesquels si rien n'est formellement interdit, tout est fortement déconseillé. Les prescriptions, toujours restrictives, conditionnent ainsi les adeptes afin de les priver de ces choses qui, pour le commun des mortels, constituent le sel de la vie. Le mortel en question n'en aura que plus de temps à consacrer à toutes les activités proposées par les Témoins de Jéhovah.

En ce qui concerne l'occupation de ses loisirs, la grande ennemie, chez les témoins, c'est sans conteste la télévision. À la salle, on se moque abondamment des séries télévisées. En leur temps, on a condamné ouvertement « Dallas » ou « Dynastie », reflets de la perversité humaine, reflets, donc, du Diable. J'ai souvent entendu cette interdiction formelle de regarder de telles émissions, même d'un œil critique, car « il est facile de tomber dans ce piège, restez-en éloignés » ! Donc, à plus forte raison, pas question de regarder de tels programmes uniquement pour se distraire. Les titres des séries ainsi vilipendées changent au fil du temps, mais le discours reste le même : elles ne reflètent pas les qualités de la personnalité chrétienne, n'édifient pas, nourrissent l'esprit de tout ce que, justement, il faut s'appliquer à chasser. Je me suis souvent demandé comment ceux qui parlaient du podium si savamment de ces séries les connaissaient si bien, puisqu'ils étaient censés eux aussi ne jamais les regarder ! Mais ils connaissaient tous les personnages, et ma naïveté n'allant tout de même pas jusqu'à leur prêter des dons de divination, je me doutais bien qu'ils en avaient regardé tous les épisodes dans le moindre détail : ils avaient l'alibi de leur discours à préparer et la cuirasse de leur maturité spirituelle pour les protéger. Et puis, n'est-ce pas, l'Esprit Saint veillait sur eux. Je m'étais cependant vite aperçue que cette sorte d'hypocrisie s'étendait à une grande partie de l'auditoire. Tout le monde ou presque connaissait l'alcoolisme de Sue Ellen et l'esprit tordu de J.R. Plus d'une fois, sachant que je ne répétais jamais les confidences dont on m'honorait, les uns ou les autres avouaient à voix basse braver cet interdit et y trouver du plaisir. Une fois même, une sœur âgée que tout le monde appelait Manu me dit très simplement : « Tu vois, j'ai soixante-cinq ans, et je vis toute seule. Alors, je ne loupe pas un épisode de "Dallas". Comme ça, une heure par semaine, j'ai l'impression d'avoir une famille. » Je me contentai de lui sourire gentiment, mais intérieurement, je pensai : « Quel aveu ! Quelle tristesse ! Et elle ne se rend même pas compte que ses "frères et sœurs" ne comblent pas ce vide ! » D'autres personnes aussi, dans la congrégation, jeunes ou plus âgées, se confiaient à moi sur cette question. J'avais déjà une trentaine d'années. Sentaient-elles que j'étais au bord de la liberté dans ma tête ? Tout n'était en moi que contradictions. Leurs propos, chuchotés quelquefois au creux de mon oreille, m'indisposaient souvent et me choquaient parfois. Je me demandais : « Pourquoi venir à la Salle du Royaume si, en définitive, on agit en contradiction avec la discipline requise ? » Je ne me rendais même pas compte que je faisais exactement la même chose, que j'étais comme eux, tiraillée par des désirs humains, éloignée de la perfection divine à laquelle les Témoins prétendent coller au plus près. Ce qui me perturbait le plus, c'était de voir des gens qui avaient librement, en tant qu'adultes, choisi cette voie, et qui la critiquaient devant moi. Ils n'étaient pas comme moi enfermés depuis toujours dans cette confusion mentale ; ils avaient eu le choix un jour et avaient librement consenti le sacrifice de leur liberté. Aussi, je m'étonnais chaque fois que je les voyais écouter scrupuleusement les instructions et faire le contraire. C'était assez souvent, autour de moi, le bon vieux « Faites ce que je dis, mais ne faites pas ce que je fais » que les anciens reprochaient avec virulence aux religions traditionnelles, catholiques en tête. À la télévision, en dehors des feuilletons, rien ne trouve grâce aux yeux de ceux qui prétendent régenter les loisirs des adeptes jusque dans leur vie privée. Les émissions de variétés sont déconseillées, bien sûr, pour leur manque de spiritualité, leur caractère futile ; les tenues vestimentaires des stars du show business sont qualifiées d'inconvenantes et d'obscènes ; les paroles des chansons ne méritent pas d'autre qualificatif, puisque le désir et le sexe apparaissent dans chacune d'entre elles, même si elles sont produites dans une langue dont on ne comprend pas le premier mot. Le rock'n roll est qualifié dans toutes les publications de la Société de musique diabolique qui réveille en l'homme les instincts les plus bas. On peut même y lire des articles qui dénoncent tel ou tel groupe, maintenant repenti, comme ayant été un adorateur du Diable. Certains racontent que, si on fait passer un certain disque à l'envers (je me demande bien comment), il paraît qu'on y entend « gloire à Satan »... Régulièrement, une information de ce genre circule de manière que la peur s'installe et que chacun cesse d'écouter ce genre de musique. C'est simple, chez les Témoins de Jéhovah, n'importe quelle musique moderne représentée par n'importe quel artiste est condamnable et contestée puisque, considérés comme des idoles, les chanteurs et les groupes se mettent à la place de Dieu. Vraiment… Dieu n'aime plus du tout la musique ! Mais qu'ont-ils fait du Jéhovah (ou Yahvé) de l'Ancien Testament, celui que son peuple charmait au son de la harpe et du tambourin, instruments hautement à la mode pourtant à cette époque ? Ils en ont fait un Dieu qui n'apprécie plus que la musique « théocratique », composée par des Témoins de Jéhovah, enregistrée dans des studios appartenant aux Témoins de Jéhovah, musique qui accompagne les innombrables cantiques chantés chaque semaine dans chaque congrégation de Témoins de Jéhovah, et qui peut être achetée pour accompagner les journées théocratiquement correctes des Témoins de Jéhovah… C'est sûr, cette musique sirupeuse et mièvre, on ne risque pas de la voir interprétée un jour à la télévision. Bref, c'est de la musique « théocratique ». Ce qualificatif est employé à toutes les sauces pour censurer tout et n'importe quoi. Pourtant, étymologiquement, c'est un mot qui dérive du grec *theos* qui veut dire Dieu et *cratos* qui signifie pouvoir. Il qualifie donc quelque chose qui représente le pouvoir de Dieu, c'est ce que j'ai appris après ma libération. Mais dans le langage dispensé lors des réunions, le mot « théocratique » peut signifier tour à tour « sévère », mièvre », « sans attrait », « austère »… Ce qui n'a aucun rapport avec le sens réel du mot « théocratique ». En ce qui concerne la musique, le simple fait qu'elle ait le pouvoir de divertir, de changer les idées, semble insupportable aux auteurs des discours publics et des publications. S'agit-il de musique classique ? On n'exprime pas clairement l'ordre de ne pas en écouter, non, jamais rien n'est ouvertement explicite ; on dit de prendre garde que cette musique ne s'empare de votre esprit, qu'elle n'emporte vos pensées vers un univers dangereux, suicidaire… On donne l'exemple de tel compositeur ou de tel prodige : n'était-il pas inspiré par les démons, puisqu'il menait une vie licencieuse, ou trop austère au contraire ? C'est selon… Mozart ou Beethoven ne possédaient-ils pas des personnalités torturées, preuve évidente que leur don ne pouvait provenir d'une source divine ? Et pas question non plus d'écouter de cette musique composée spécialement pour l'Église catholique au cours des siècles, ce serait participer en quelque sorte à la fausse religion. Que des humains aient pu, de si près, atteindre le divin dans le domaine de la musique indispose les collèges d'anciens qui ont la charge de régir le domaine des loisirs, c'est-à-dire de le réduire au minimum. Gardez-vous, disent-ils, des musiques prenantes qui pourraient vous ouvrir des horizons vers lesquels il ne faut surtout pas porter les yeux… Et surtout, disent-ils, n'envisagez jamais, au grand jamais, leur art, leur talent, comme une sorte de sixième sens qui n'aurait rien à voir avec leur vie privée. Surtout, n'allez pas penser qu'ils peuvent avoir composé ces œuvres si belles, si pleines d'émotion, pour racheter leurs erreurs quotidiennes, comme une prière… Non, disent-ils, écouter de la musique, s'en imprégner, c'est s'identifier à son auteur, c'est approuver sa conduite de manière implicite. Je cite maintenant une phrase tirée d'un article du 8 juin 1993 : « Presque tous les styles de musique peuvent présenter un caractère avilissant. » Maintenant que je suis capable de lire ces publications objectivement, je ne peux m'empêcher d'admirer le « presque » et le « peuvent » qui laissent la place à tous les doutes et mettent auteurs et éditeurs à l'abri de tout procès. C'est toujours trop tard, malheureusement, que l'on remarque ces petites subtilités hypocrites... Si une certaine place est laissée à l'appréciation personnelle lorsque les publications abordent le sujet de la musique classique, dès qu'elles se penchent sur ce que produit notre monde moderne, la musique y est résolument condamnée, sans aucune échappatoire lexicale. Évidemment, on ne nomme jamais aucun artiste ni aucun morceau en particulier, mais le lecteur devine facilement de quoi il est question. Le rock est qualifié, c'est un comble, de « prison pour l'esprit » et même de « détritus de la musique ». Les périodiques bimensuels, qui avec une régularité remarquable traitent de ce sujet, agrémentent leur propos très habilement : on y relate quelque sordide fait divers, américain en général, qui met en évidence le rapport entre le rock et le suicide d'un jeune, ou encore entre le rap et la violence sexuelle... faits divers ramassés sans doute dans les poubelles des journaux à scandales et dont personne ne viendra contester l'authenticité puisque aucun nom ni aucune source ne sont cités. Lorsque, parfois, ces articles se risquent à préciser les faits et dires de la personne dont il est question, alors, ces faits remontent à une dizaine d'années, si ce n'est davantage. Pour toutes les musiques populaires, on constate qu'aucune d'elles ne constitue une « bonne fréquentation » aux yeux des Témoins ; elles sont qualifiées tour à tour de langoureuses, violentes, frénétiques, décadentes ; elles incitent forcément celui qui les écoute à l'abus de sexe, de drogue, de violence et le mène vers la folie. À partir de faits isolés, les rédacteurs généralisent sans vergogne : toujours plus d'austérité...

Lorsqu'on s'est, par miracle, affranchi de ce point de vue réducteur, il devient facile de comprendre combien le regard qu'on a été amené à porter sur la musique est faussé, destiné à couper les êtres les plus jeunes, donc les plus vulnérables, des plaisirs qui sont à leur portée ; à les empêcher de participer à la liesse collective, à les priver du sentiment d'être vivants, tout simplement. Pourtant, sous toutes les latitudes, la musique est une nécessité enfouie au plus profond des peuples, de leur histoire, de leurs gènes peut-être, nécessaire comme l'air que l'on respire… Mais, comme de bons petits robots, les jeunes Témoins de Jéhovah finissent par se résigner. Tout ce qui fait vibrer leur âme étant un blasphème, il ne leur reste que la musique collante des Cantiques à la Louange de Dieu, composés par de bons adeptes qui ne peuvent être, eux, qu'inspirés par Dieu, évidemment. Ces cantiques sont une composante de la « nourriture spirituelle » autorisée, toutes les autres musiques ne représentant que des nuisances malsaines, une menace pour la santé mentale du chrétien. Il faut finalement se couler dans le moule de cette censure subtile et efficace. Peu à peu, chaque individu, à son rythme, devient docile. Pour conserver sa place au sein de la congrégation, il mutile sa créativité, ses goûts, sa vie intime, de sorte que, pour ne pas trahir Dieu ou ses frères, c'est lui-même qu'il trahit. Comme la musique n'est pas, et de loin, le seul domaine dans lequel cette censure s'exerce, l'adepte est très vite confronté à deux attitudes possibles. Il y a celui qui, par amour pour Dieu et ses frères dans la foi, fait le sacrifice volontaire des activités qu'il apprécie ; et il y a celui qui fait des compromis, tiraillé d'une part par son inclination naturelle à vivre et de l'autre par son attachement à la communauté, par la force de ce sentiment de faire partie de quelque chose d'extraordinaire réservé à une élite. Ces derniers sont nombreux. Ne pouvant faire de choix, ils écoutent la musique qu'ils aiment en cachette et apprennent à vivre dans le mensonge et l'hypocrisie afin de représenter pour leurs frères l'apparence de la perfection. Ce sont des Témoins de Jéhovah exemplaires dans leurs relations au sein de la congrégation, mais ils sont quotidiennement en conflit avec eux-même, coupables, ils en sont réduits à tricher. Ils ont été tellement conditionnés qu'ils en ont perdu tout sens de l'analyse personnelle. Leur esprit critique a disparu tout doucement, anesthésié par les réunions innombrables et la lecture des publications non moins innombrables. J'en ai connu, de ces pauvres humains, vidés de leur substance, qui trahissaient l'essence même de leur être sans en être conscients tout en se sentant éternellement coupables d'éprouver encore des désirs « du monde ». Ils ne sont plus qu'un paquet mal ficelé où se mêlent sans cesse plaisir et frustration, chez qui domine un sentiment de culpabilité : toutes les données de leur cerveau ont été faussées.

Mais, parfois, on se rebelle… parfois, on a quinze ans…

Décidément, je m'en souviendrai de cette année de mes quinze ans ! J'avais cet âge de tous les espoirs et de toutes les solitudes, l'âge où le spleen vous prend et, pendant un temps, ne vous lâche plus. Malgré toute ma rage et ma souffrance consécutives à ma condamnation par le Comité Judiciaire de la congrégation, le sentiment de culpabilité qui m'habitait au moindre de mes désirs ne pouvait éteindre ma soif de vivre. Je savais que j'étais mauvaise, mais c'était plus fort que moi, j'avais envie de sentir que je vibrais à l'unisson de ce monde qui m'entourait. On m'avait à la fois mise à l'écart dans la secte et exclue de ce monde là aussi, c'était trop. Pour mon malheur, j'aimais la musique de mon âge. C'étaient les sixties… et je la connaissais, cette musique. Au collège, il arrivait parfois que des camarades amènent une pile de quarante-cinq tours et un Teppaz. De temps en temps, à l'occasion d'une fête ou d'un anniversaire, un professeur sympa nous autorisait à nous amuser un peu. Pour moi, c'était merveilleux. Ça, c'était de la musique ! Celle que j'aimais, que j'adorais même, en laquelle je me reconnaissais, mais que jamais je n'étais autorisée à écouter. C'est simple, pour moi « Teppaz » rimait avec « extase ». Je découvrais, à chacune de ces occasions, la voix de ce qui n'était pour moi qu'un nom à la une d'un journal, aperçue sur le chemin de l'école. Sylvie, Johnny, Sheila, Françoise et tous les autres… Le plus sérieusement du monde, du plus profond de ma conscience, je me demandais où était le problème avec ces chansons ; en quoi cette musique pouvait-elle être « mauvaise pour l'esprit ». Tandis qu'aux réunions on répétait sans cesse qu'elle était décadente, je me permettais de porter un jugement personnel, ignorant qu'ainsi, je faisais la preuve que personne n'avait encore soumis totalement mon esprit. Je ne cherchais pas de réponses à mes questions, car je n'avais personne à qui ouvrir mon cœur, personne qui ne soit susceptible d'aller immédiatement tout répéter à mon père afin qu'il corrige encore une fois ce mauvais esprit qui était en moi. D'ailleurs, comme personne n'était autorisé à m'adresser la parole, cela résolvait temporairement le problème et me permettait de me faire, toute seule dans mon coin, une opinion. Comme je me disais que rien de pire ne pouvait m'arriver après la punition que m'avait infligée le Comité Judiciaire, mes goûts musicaux s'affirmaient. Je n'étais pas tout à fait vaincue. Un jour, je franchis le pas. Avec de l'argent de poche que m'avait donné mon grand-père, je décidai d'aller m'acheter un disque. Mon frère et moi, nous en avions longuement discuté, et lui aussi éprouvait cette envie musicale prohibée chez nous. Enfin, le cœur battant, j'acquis ce quarante-cinq tours objet de toutes mes convoitises, qui représentait le passeport pour le monde des vivants. Je le tenais, ce morceau de vinyle noir, ce disque brillant et magique, mon ticket d'entrée… Un sentiment de joie intense m'envahissait à chaque fois que je le regardais. Comme toujours, pour évacuer ma peur, je refusais de penser à ce qui se passerait plus tard, tout à la folie de cette possession singulière. Malgré tout, j'avais longuement hésité avant de choisir le chanteur et les titres. Je voulais que ça me plaise, il fallait absolument que ce soit à la mode, mais il ne fallait pas réveiller les foudres paternelles et celles de tous les Témoins de Jéhovah en introduisant à la maison, tout à coup, cette « musique de sauvages » qui mènerait le monde à sa perte. J'apprenais l'art de la diplomatie… La souffrance et l'ostracisme ne m'avaient pas ôté encore ma fraîcheur et ma spontanéité, de sorte qu'il ne me venait même pas à l'esprit de faire cet achat en cachette de mes parents. J'avais cette pensée stupide que je pouvais les reconquérir par la sagesse de mon choix ! J'avais envie de leur faire partager ma joie… Je n'avais encore pas assez appris, je n'avais rien compris, mais cette naïveté me protégeait. Amoureuse, romantique, raisonnable, je fixai mon choix sur un titre de Charles Aznavour, *Que c'est triste Venise*. À peine rentrée à la maison je me mis à le passer et à le repasser sur notre vieil électrophone qui ne servait pratiquement jamais. Mon père n'était pas encore rentré de son travail, et curieusement, pour une fois, ma mère, qui pourtant avait l'air gênée, ne me disait rien ; elle ne me faisait aucun reproche ! Mon cœur était rempli de joie. À ma grande surprise, quand arriva l'heure à laquelle mon père avait l'habitude de rentrer, elle me conseilla de ranger mon disque et de ne rien lui dire. Elle-même ne révéla rien de cet événement fort inhabituel. Elle ne dit rien. Peut-être se souvenait-elle que, lorsqu'elle avait mon âge, c'était Charles Trenet qu'elle adorait, et qu'elle aussi avait été obligée de l'écouter en cachette… elle m'avait fait un jour cette confidence. Ou alors voulait-elle préserver cette « paix » du foyer à laquelle elle tenait plus que tout… Toujours est-il que, pendant quatre jours, ce fut pour moi le nirvana… Et puis, catastrophe ! Le cinquième jour, mon père rentra du travail plus tôt que d'habitude…

Comme un sauvage, il se précipita sur moi et, après m'avoir giflée, arracha le disque de l'électrophone. Il se mit à crier, m'abreuvant de hurlements et de coups, mais les coups, je ne les sentais plus depuis longtemps. Il était comme fou, accusant ma mère de s'être faite la complice, dans son dos, de cette abomination en quarante-cinq tours. Ce qui me fit le plus de mal, c'est que mon disque disparut, confisqué à jamais. S'ensuivirent pour moi des punitions et des privations encore plus sévères que ce qui constituait mon ordinaire. Je n'y faisais même plus attention ; moi, je ne pensais qu'à mon disque et à ce sort si cruel qui m'avait donné cette famille-là. Et puis, je savais que ces mesures de rétorsion ne dureraient pas : mon père, s'il était brutal et inflexible, n'était pas complètement fou : il ne me tuerait pas ! Enfermée dans ma chambre, je pensais malgré tout que c'était un bien beau rêve, et que j'avais eu quatre jours de bonheur dont je devais maintenant payer le prix, puisque tout plaisir doit se payer. Je me repassais en boucle la chanson d'Aznavour dans ma tête afin de ne pas l'oublier. Mais je ne baissai pas les bras. Quelques jours plus tard, une fois que mon père se fut calmé, je lui dis que je voulais une explication à la confiscation de mon disque. Il me répondit d'un air mauvais que la musique et les paroles de cette chanson étaient « contraires aux principes bibliques ». Pleine d'audace, je lui demandai s'il les avait écoutées, ces paroles et cette musique… et pour toute réponse, je reçus une gifle, encore une, avec cette phrase mille fois répétée : « C'est moi qui suis le chef dans cette famille, et tu feras ce que je veux et rien d'autre ; je n'ai pas de raisons à te donner. » Je me le tins pour dit et, depuis ce jour, j'allai écouter cette musique de sauvages en cachette, chez une de mes tantes qui habitait le même immeuble que nous. C'était un pas de plus vers l'hypocrisie !

Depuis ce temps-là, ma quête de la vérité m'a amenée à constater que toutes les familles de Témoins de Jéhovah ne traitent pas la question de la musique avec la même austérité dictatoriale que le fit mon père. Certains savent se montrer plus tolérants et montrent à leurs enfants qu'ils les aiment. Cependant, peu de choses ont changé puisqu'on lit toujours les mêmes propos dans les diverses publications de l'Organisation.

La télévision et la musique étant pratiquement à proscrire, il ne reste pas grand-chose pour occuper les loisirs d'un Témoin de Jéhovah, loisirs fort peu nombreux au demeurant. Toute occupation est passée au crible des motivations et fait l'objet d'un examen sévère, puisqu'un bon chrétien doit être fort et pur spirituellement. La plupart du temps, ce sont les jeunes qui font les frais de ce système destiné à les soumettre et à les asservir. Ils sont particulièrement surveillés, épiés même ; ils sont une cible, car les anciens connaissent ce besoin qu'ils ont de s'évader, de s'affranchir, parce que leur nature les pousse sans cesse à sublimer le quotidien. Alors, les interdits deviennent innombrables. Ainsi, il est également interdit aux jeunes d'aller danser. La danse est considérée comme une provocation de nature sexuelle. Les lieux où l'on se rend généralement pour se livrer à cette distraction sont des endroits de perversion uniquement destinés à faire des rencontres avec des personnes de sexe opposé. De plus, en ces lieux, on fume et on boit de l'alcool, ce qui constitue un obstacle radical, car cela prouve que les jeunes qui les fréquentent ne respectent pas la création divine qu'est leur corps, que ce sont des êtres instables et peu recommandables dont la fréquentation est mauvaise. Le seul fait d'être aperçu dans un lieu de ce genre suscite pour le jeune une enquête et toutes sortes d'embêtements. Il est curieux de constater que dans les discours et les publications, l'occupation des loisirs soit la plupart du temps associée au sexe. Souvent je me suis posé cette question : pourquoi le sexe les obsède-t-il tellement ? pourquoi le plaisir du corps ne peut-il en être dissocié ? Confondre plaisir et sexe n'est qu'une perversion de leur esprit tordu, un déni d'innocence, un barreau de plus à ajouter à ceux avec lesquels, chaque semaine, on construit sa propre prison.

Toutefois, l'instinct grégaire est aussi solidement implanté dans l'esprit des jeunes Témoins que chez les autres humains. Ils s'organisent de temps en temps pour se réunir entre eux, mais, même cela constitue une entreprise pleine de difficultés. La chose ne peut être tenue secrète et, même lorsqu'il s'agit de jeunes adultes tous majeurs ou mariés, il est pratiquement impossible d'organiser quelque fête que ce soit sans la présence castratrice d'un ou deux anciens, des espions en somme. J'ai quelquefois refusé de me plier à cette règle. Mon mari et moi nous sommes mariés très jeunes. À dix-huit et vingt et un ans, nous voulions vivre dans la joie. Nous choisissions d'inviter des couples avec lesquels nous nous sentions quelques affinités, une sorte d'amitié qui ne pouvait s'exercer pleinement par crainte, toujours, de la délation. Nous avons organisé entre 1968 et 1972 quelques soirées sympathiques, pleines de rires et de musique. Je ne voulais pas penser au lendemain ; nous voulions rire au présent, enfin. Mais, évidemment, nos petites soirées ne passaient jamais inaperçues ; les anciens étaient toujours au courant, allant jusqu'à me rapporter ce que nous avions mangé et à quels jeux stupides nous nous étions adonnés. Et toujours, nous encourions une réprimande avec la même phrase : « Puisque vous dites que vous ne faites rien de mal, pourquoi refusez-vous la présence d'un ancien ? » Alors revenait cette sensation pesante que la liberté n'était pas pour nous. À chaque fois que j'entendais ce raisonnement totalitaire dénué de la moindre parcelle d'humanité, je me sentais tenue de m'aligner sur cette logique dont, même une fois mariée, je n'avais pas l'idée de me défaire. Je me révoltais contre elle, mais je ne pensais pas me révolter ailleurs que *dans* la secte, essayer de faire changer les choses. Le pire des crimes en la matière aurait été d'organiser une de mes soirées un samedi : les participants n'auraient pas été en forme pour se rendre en prédication le lendemain matin ! En effet, les discours répétaient sans cesse : ne vous couchez pas tard le samedi, n'invitez ni amis, ni famille, vous serez en meilleure forme pour aller prêcher le dimanche.

Pour occuper les loisirs, il ne reste que les distractions recommandées inlassablement par les publications des

Témoins de Jéhovah. Il est « théocratique » de recevoir à déjeuner chez soi quelques frères et sœurs spirituellement « mûrs », et d'avoir avec eux des conversations « édifiantes », adjectif fort prisé dans la secte, superlatif absolu pour tout ce qui concerne la qualité d'une relation. Mais avec ce mot est bannie toute spontanéité et, par conséquent, tout plaisir. Édifiant, certes, mais barbant à la longue… Jamais de confidences, qu'on pourrait regretter amèrement, de peur qu'elles ne soient répétées à un ancien. Pas d'amitié véritable dans de telles conditions… Que de fois j'ai entendu mon mari ou ma mère me dire « C'est bien fait pour toi, tu parles trop ! » J'ai passé trente-cinq années chez les Témoins de Jéhovah, et je ne m'y suis fait aucune amie, parce qu'on m'avait appris à me méfier sans cesse, à ne jamais accorder totalement ma confiance. Excepté mon mari, ma vie relationnelle était superficielle. Je me suis rendu compte après qu'elle était en fait un véritable désert, car aujourd'hui je sais ce qu'est une amitié sincère, celle que l'on reçoit comme celle que l'on donne. Sans que je m'en sois rendu compte, j'étais devenue une handicapée des sentiments.

Quant aux loisirs et à la manière dont on se devait de les occuper de façon théocratique et édifiante, nous étions maintes et maintes fois encouragés à profiter des largesses dispensées par le créateur : la Nature. S'Il nous l'avait si gracieusement offerte, c'était forcément pour notre bien, nous aurions été des ingrats de ne pas le reconnaître. Aussi, les anciens organisaient-ils de temps en temps des sorties en groupe à la campagne. Bien sûr, la consigne n'était pas donnée du pupitre, mais elle trouvait le moyen de circuler efficacement à la fin de l'une ou l'autre des réunions de la semaine. À la suite de quoi, nous nous retrouvions en quelque lieu bucolique. Certes, un promeneur non averti n'aurait vu dans ce rassemblement plus ou moins important qu'un groupe de copains de tous âges, plutôt sympathique au demeurant. Mais vu de l'intérieur, ce n'était pas du tout cela : chacun restait sur ses gardes, car l'amitié, la camaraderie, ou même cette farce de la fraternité, rien ne parvenait à prendre totalement le pas sur la crainte. Toujours cette pensée : « Comment ce que je suis en train de dire va-t-il être interprété, puis rapporté, puis interprété à nouveau ? » Maintenant que je peux m'en souvenir avec le recul nécessaire, comme elles me semblent dérisoires et ridicules ces parties de ballon où les anciens tentaient de prouver que leur adolescence n'était pas si lointaine, alors que je n'en voyais que les vestiges dévastés ! Ils jouaient au ballon car ils se voulaient les modèles pour les jeunes de cette microsociété aux règles rigides où tout était dévoyé, et, malheureusement, le plus souvent ils y parvenaient. Ces anciens possèdent tout de même un grand pouvoir et, souvent, le charisme qui va avec et qui impressionne les plus faibles. Que de pique-niques où chacun observait son voisin jusque dans ses audaces vestimentaires ! Que de confidences voilées, vraies ou fausses, échangées subrepticement dans l'ombre d'un sous-bois ! Car, malgré la peur, la nature humaine est ainsi faite que l'espoir, la confiance en l'autre, rallument cette petite lueur qui fait croire que, cette fois, on ne sera pas trahi. Toujours je m'y ennuyais, mais, cependant, nous y allions avec les autres pour rompre un peu la monotonie des semaines qui, toutes, se ressemblaient. Lorsque j'étais enfant, je n'avais pas le choix : j'accompagnais mes parents, tout en me rendant compte de leur servilité. Pourtant, plus tard, alors que j'aurais pu être libre, faire autre chose de la vie, une force obscure me poussait à me joindre à ces rassemblements. Engluée dans la secte et sans qu'aucun barreau ne soit nécessaire à ma garde, sous l'emprise manichéenne des Témoins de Jéhovah, je suivais fidèlement le troupeau. Voilà une vingtaine d'années, mon mari et moi nous y emmenions nos enfants, sans comprendre ce qui leur était infligé à les couper ainsi de la réalité du monde. Oui, j'ai été persuadée que j'avais choisi moi-même de participer à ces parties de campagne, et que j'avais fait le bon choix. Oui, j'ai cru que cette journée passée au grand air en édifiante compagnie m'avait rendue meilleure, et les miens avec moi. Je repoussais le plus loin possible le désir de la petite fille que j'avais été, celle qui n'avait pas pu grandir parce qu'elle avait manqué d'amour. En fait, je participais à ces sorties dans un seul but : faire plaisir à mon père qui s'y rendait lui aussi. Je ne comprenais pas qu'en agissant ainsi je lui donnais raison pour tout ce qu'il m'avait fait subir, car je n'éprouve pas facilement de la rancune. Je pensais simplement : « Ce sera au moins une chose que je vais partager avec lui, et peut-être qu'il sera content de moi. » Je guettais son visage pour le voir s'adoucir d'un sourire. Car même s'il ne m'était pas adressé, ce sourire, par la rareté de ses apparitions, me semblait éblouissant. Je ne devais pas manquer l'occasion de le recevoir. Et puis, en me joignant au groupe, je donnais également à ma mère l'occasion de préparer un excellent repas froid, ce qu'elle faisait à la perfection et dont elle tirait une grande fierté. Je pouvais admirer et m'étonner tout mon saoul de l'attitude qu'elle manifestait à l'égard de mes filles, pleine de cette tendresse et de cette affection qu'elle m'avait toujours refusées. Jamais, par exemple, elle ne m'avait laissé poser ma tête sur son bras sans se secouer et me dire de me tenir mieux. Mais mes filles, elles, faisaient de leur grand-mère tout ce qu'elles voulaient. J'en éprouvais un plaisir mêlé d'une grande douleur.

Quelquefois, plus rarement il faut l'avouer, c'était au bord de la mer que le groupe projetait de se rendre. Mais alors, il fallait faire face à l'indécence des costumes de bain. Cela créait un malaise perceptible, visible dans la tenue même des mères et des filles ; c'était en quelque sorte un concours : à celle qui aurait le maillot de bain le moins voyant... le plus moche en somme. Cette tenue de bains donnait de toute évidence une touche moins « saine » à la sortie, et, donc, nous ne nous rendions que très rarement à la plage en groupe. Cela restait un objectif de sortie un peu tabou bien que, vivant à Marseille, nous ayons la mer devant notre porte. Le mystère des corps, en un mot le sexe, toujours suspicieusement sous-jacent, soupesé, restait une entrave, un sujet d'une indécence absolue que l'on n'abordait même pas en maillot de bain. À la mer, le moindre regard fait l'objet de conversations clandestines. Le moindre centimètre carré dévoilé sur une partie du corps non conventionnellement admise par une longue habitude relève du crime abominable de provocation. Il fallait se montrer particulièrement vigilant : comme des ayatollahs, les anciens veillaient. Alors, pourquoi, dans de telles conditions, participer à ces rassemblements qui n'ont que l'apparence de la gaieté et de la fraternité ? Mais parce que, justement, cette gaieté et cette fraternité font tellement défaut que l'on trouve cet ersatz préférable au néant. Parce que l'on prend un certain plaisir à s'humilier, si peu que ce soit, persuadé de se rendre ainsi meilleur, d'édifier son prochain ainsi que soi-même. Parce qu'on est en prison. Parce que dans cette prison, on attend sans cesse l'approbation des anciens.

Parce que avec la Bible ainsi réinventée on ne voit pas les murs qui nous enferment, et qu'on érige soi-même un peu plus haut chaque jour.

Une autre forme de loisir religieusement correct consiste à recevoir à sa table des « amis ». Il est naturellement très mal vu, à défaut d'être clairement interdit, d'inviter à sa table des « non-chrétiens », c'est-à-dire des personnes qui ne sont pas Témoins de Jéhovah. Mes parents ont de tous temps prié à déjeuner des frères et sœurs irréprochables. Ils les nourrissaient de mets délicats et les abreuvaient de vins fins. Cependant, je me rendis compte très rapidement que la bonté de cœur ne tenait qu'une faible place dans ces invitations. Ils ne recevaient pas non plus de préférence ceux avec lesquels, finalement, ils éprouvaient quelque affinité. Ils n'étaient pas non plus poussés par un sentiment de compassion envers la détresse des plus démunis... Non. Ma mère établissait la liste des invitations plusieurs semaines à l'avance, dans l'objectif avoué que chacun dans la congrégation se sente considéré qualitativement et quantitativement de la même manière, afin de ne susciter aucune jalousie. L'amitié était mesurée à la même aune tout au long de l'année pour ceux que mes parents recevaient à leur table. Mon père étant le Surveillant-Président de la congrégation, son prestige ne devait pas être la source du péché d'envie. Bien qu'à l'époque de mon enfance je ne pusse expliquer clairement pourquoi, je ressentais l'artifice d'un tel stratagème. Le manque de spontanéité me choquait. Lorsque je parvins à l'âge adulte, je critiquai *in petto* cette attitude et ces simagrées qui faisaient partie intégrante de mon éducation. Cependant, je me rendais toujours avec mon mari, et plus tard avec mes enfants, aux invitations de mes parents. Je savais que, autour de la table, nous ne serions pas seuls, qu'une autre famille serait invitée… Mais, le soir venu, c'était toujours la même pensée, la même question qui revenait : avais-je partagé autre chose qu'un repas avec mon père et ma mère ? Toujours l'un et l'autre trouvaient une remarque désagréable à me faire, une occasion de m'humilier, et tout redevenait comme avant. Et je me désespérais de voir que rien de ce que je m'efforçais de faire ne trouvait jamais grâce à leurs yeux. Lorsque d'autres frères et sœurs nous invitaient à leur table, mes parents étaient reçus en même temps que nous. Jamais pendant toutes ces années je n'ai été invitée pour moi-même. Je pensais : « Font-ils un lot ? Suis-je donc à jamais indissociable d'eux ? » Je ne sus jamais si ma présence était vraiment appréciée. Comme on me disait rebelle, il me sembla toujours évident que je n'étais invitée que dans le but de satisfaire mon père. Il est vrai que, dans la congrégation, j'étais sans cesse critiquée. Aussi, il n'était pas difficile d'imaginer que je n'étais, autour de cette table, qu'un alibi pour courtiser le Surveillant-Président à bon compte. En ces occasions-là, je devais apporter une attention particulière à tout ce que je disais, à chacun de mes gestes… Il a fallu très longtemps pour que, une fois délivrée de mes chiens de garde, je sache nouer des relations avec autrui, pour que je ressente ce plaisir qui naît de la relation sincère et confiante avec un autre être humain, pour que je goûte l'aide morale que cela apporte. Je ne connaissais que l'ambiguïté et, lors des rares occasions où j'avais ouvert mon cœur, exprimé mes doutes, je n'avais reçu en guise de réponse que des coups ou bien la froide logique manichéenne de la Bible, tellement éloignée des émotions ordinaires et de la réalité ! La raison pouvait se satisfaire de ces savantes réponses, mais elles laissèrent toujours mon cœur désorienté et désolé. Par exemple, lorsque je partais en voyage, je n'avais qu'une envie : raconter mes aventures. Une fois, de retour du Kenya, je résolus d'organiser une projection de diapositives pour partager ma joie, mais dès le lendemain, je reçus la remontrance inévitable concernant mon manque de modestie et l'envie que je pouvais susciter chez mes « frères et sœurs ».

Au chapitre des loisirs ordinaires, il ne reste que le sport. Ce dernier est, bien entendu, fortement déconseillé également. Tous les clubs sportifs et autres structures associatives « font partie du monde », et donc sont susceptibles d'entraîner le vrai chrétien vers le chaos, de le détourner de Dieu. Les parents doivent interdire à leurs enfants toute activité extra-scolaire qui ne relève d'aucune obligation légale, afin qu'ils ne soient pas « tentés »… Pour chaque activité, même la danse classique, les Témoins de Jéhovah trouvent une critique cinglante à formuler, et ceux qui en font les frais, ce sont toujours les enfants auxquels tout est interdit.

Les loisirs n'ont pas vraiment droit de cité chez les Témoins de Jéhovah. Il en résulte une pénible impression de manque que les anciens masquent avec un emploi du temps de ministre. Souvent je me demande ce qu'il m'a manqué d'intelligence pour m'enfuir plus tôt, ce qu'il m'a manqué de cœur pour avoir comme tout le monde un papa et une maman aimants… Je m'interroge, mais, au fond, je connais la réponse. Mon élan vers la liberté de penser par moi-même était enseveli par les couches successives et nombreuses d'émotions contradictoires. D'abord, la peur de mal faire, puis la peur des autres ; ensuite l'espoir de m'en sortir ; puis de nouveau la crainte, car comment expliquer mes pensées et mes doutes à mon mari, lui qui, précisément, avait aliéné sa liberté et renoncé à vivre à cause de moi ? Je ne lui parlais pas de ces pensées intimes et douloureuses, mais de son côté comme du mien, une petite flamme de rébellion insatisfaite couvait en nous. Toutefois, nous n'osions pas en faire un incendie, enchaînés petit à petit par un implacable mécanisme fait de renoncements successifs. Comme beaucoup d'adeptes de notre connaissance, nous occupions ouvertement nos loisirs à la lecture de la Bible et des publications, et ce que nous faisions par ailleurs, nous n'en parlions guère.

Les lectures

La Bible, bien sûr, et les publications de la Société doivent constituer l'essentiel des lectures des Témoins de Jéhovah. Entre les réunions et leur préparation, l'obligation de la prédication, la lecture des quatre périodiques édités chaque mois et autres nouveaux livres, il ne reste plus beaucoup de temps pour lire autre chose. On se retrouve encore une fois dans ce domaine comme dans les autres, enfermé dans un ghetto mental, ayant atteint sans en avoir conscience l'objectif précisément recherché par les responsables de la secte. Les conseils concernant les lectures des adeptes sont tout aussi restrictifs que ceux régissant les autres activités. Les magazines ? Des futilités qui ne nourrissent votre esprit que des relents fétides des immondices de la planète. Les journaux ? À quoi bon les lire pour y trouver les guerres, les viols, les meurtres qui, on le sait, sont l'œuvre du Diable, celui auquel Dieu laisse encore un peu de temps avant d'intervenir. Quant aux grands écrivains classiques, Zola, Maupassant, Balzac… ce n'étaient pas de « vrais chrétiens ». Avec beaucoup de réserves, il est laissé à la conscience de chaque adepte la liberté de se commettre ou non avec de telles lectures. Les romans populaires ou autres histoires d'amour, eux, sont à proscrire absolument au motif qu'ils risquent d'entraîner les pensées sur une pente dangereuse : en les lisant, on pourrait en venir à croire que le bonheur réside en la recherche de l'amour et du sexe, une idée non conforme à la morale chrétienne. Malgré toutes ces réserves et ces condamnations, mes parents ne m'ont jamais empêchée de lire, même s'ils surveillaient soigneusement mes choix. J'ai toujours aimé lire. Je le faisais même en cachette, sous mes draps, avec une lampe de poche que mon frère m'avait offerte. Là, je me régalais de lectures interdites. J'ai ainsi, aux dépens de mes yeux, dévoré le sulfureux Guy des Cars ou le trop réaliste Zola en toute impunité. Quel plaisir ! Pendant la journée, dès que j'avais un petit moment, je lisais tout. Petite, le *Club des cinq*, *Alice*, *Michel*, *Les Six Compagnons*, n'avaient plus de secrets pour moi : je n'étais jamais rassasiée de ces récits d'aventures qui me passionnaient. Ils me projetaient à mon insu dans la réalité. L'imagination des auteurs était bien plus réaliste que mon quotidien, et je m'identifiais aux héros avidement. Oui, je lisais, et j'apprenais ce que vivre veut dire au travers de ces lectures. J'avais beaucoup de chance dans ce domaine car, dans certains foyers de Témoins de Jéhovah, aucun livre n'est admis excepté les publications de la secte et les livres scolaires que la loi fait obligation d'accepter. J'ai connu certains de ces enfants privés de lecture, désolés, comme éteints de l'intérieur, volontairement décervelés pour mieux assurer leur soumission. Ils me remplissaient de pitié et, même si je n'étais pas heureuse, au moins me restait-il, à moi, le privilège de l'évasion par les livres.

En 1968, mon frère mourut des suites d'une longue maladie. Ma mère emballa tous ses livres et décida de les donner à une sœur dont le fils, âgé d'une douzaine d'années, pourrait tirer profit. Mais Pagnol, Giono, récits d'aventures, tout fut refusé jusqu'au dernier des volumes au motif que leur fils ne lisait rien de tout cela. Cet enfant n'était autorisé à s'instruire qu'avec les lignes édifiantes produites par les Témoins de Jéhovah. Ma mère en fut très choquée. C'est une femme instruite, et elle respecte le savoir que procurent les livres. De plus, l'attitude de cette famille était assez exceptionnelle. Pourtant, ce fut un épouvantable sujet de dispute entre mes parents, mon père refusant de désavouer un « ancien » qui agissait encore plus théocratiquement qu'il ne l'avait fait lui-même. Heureusement, à ce moment-là, j'étais déjà mariée et mon père ne possédait plus sur moi l'autorité nécessaire pour me soumettre à un tel régime. Depuis ce temps-là, les livres restent associés dans mon souvenir à ce frère que j'ai perdu.

Oui, mon petit frère était mort. Il avait dix-sept ans. Je songeais tristement que Dieu récompensait bien mal mes parents de cette vie de privations qu'ils avaient choisie pour Lui plaire, s'il laissait le Diable emporter leur fils unique dans la mort pour mieux éprouver la solidité de leur foi. C'est ainsi que cette horreur m'avait été expliquée quatre ans auparavant. Lorsque mon seul frère disparut, je venais de me marier et savourais chaque minute de mon bonheur. Aussi, lâchement peut-être, je renonçai à approfondir la question de sa maladie et de sa mort, ne pensant qu'à ma nouvelle vie. Car, enfin, nous avions conquis le droit d'être seuls ensemble après des années d'épreuves et de tortures morales. Notre conscience aussi nous avait tourmenté pendant ces années-là, puisque pour le moindre tête-à-tête, il nous fallait mentir. Nous avions vaincu l'adversité, et cette victoire éblouissante laissait tout le reste dans l'ombre.

Depuis longtemps je savais que l'issue de ce mal qui rongeait mon petit frère serait la mort, une mort atroce de surcroît. Loin d'être idiot lui-même il me disait parfois, surtout la dernière année de sa vie : « Je crois que je suis foutu. » La dernière fois que je le vis, nous étions à Lyon, dans un camping. C'était l'été. Nous nous étions rendus dans cette ville pour, une fois de plus, assister à la grande assemblée d'été des Témoins de Jéhovah : quatre jours de discours du matin au soir, et des milliers d'assistants. J'avais traversé beaucoup d'épreuves, et la victoire que constituait à mes yeux mon mariage me laissait dans une totale indifférence envers tout ce qui n'était pas nous deux. Je n'avais pas encore abandonné l'idée chère à mon cœur de démontrer à mon père que je pouvais être pour lui une fille qui ferait sa fierté, une bonne chrétienne, alors même que je ne subissais plus sa férule et ses colères. Mais c'était mission impossible… La maladie de mon frère et sa mort annoncée torturaient mes parents et faisaient partie de ma vie depuis des années. Leur attitude envers ce destin terrible était faite, pour ce que j'en voyais, de douleur, certes, mais surtout de résignation. Dans ses prières quotidiennes, mon père demandait sans cesse à Dieu de l'aider à endurer cette épreuve, et il semblait trouver dans ces moments de prière un réconfort certain. Je ne l'ai jamais entendu se révolter contre ce sort cruel, alors qu'il maudissait ce même sort de lui avoir donné une fille telle que moi. Sa foi était ferme et inébranlable. Je voyais et ressentais le chagrin de mes parents, car c'était aussi, oh ! combien, le mien. Mais je n'ai jamais constaté chez eux de rébellion ou de colère. J'avais mes propres soucis et la vie devant moi avec mon couple tout neuf. J'éclatais égoïstement de bonheur, comme une fleur au printemps qui déploie tout d'un coup ses pétales. Je n'avais que dix-neuf ans, et tellement de joie de vivre à rattraper que je n'appréhendais pas le drame qui se jouait sous mes yeux avec la lucidité nécessaire. J'étais aveugle, certes, mais peut-être était-il bon que je le fusse pour que cicatrisent les blessures récentes et que je puisse survivre à un nouveau malheur.

Le jour où je l'embrassai pour la dernière fois, amaigri, défiguré, exsangue et le souffle court, mon frère me murmura au creux de l'oreille : « Va-t'en, et profite bien de tout. » Il était généreux jusque sur la frontière de la mort. Moi, inconsciente de la proximité de cette fin qui arrivait si vite, je partis loin de lui. Nous avions projeté un voyage en Autriche avec notre vieille quatre-chevaux et, lorsque je reçus le télégramme, quinze jours plus tard, tout était terminé. Ni mon mari ni moi n'avions pensé qu'il pouvait s'éteindre aussi vite, habitués que nous étions à le voir souffrir un peu plus chaque jour. La vétusté de notre voiture, plus âgée que moi, nous empêcha même d'arriver à temps pour son enterrement. J'ai longtemps cherché le sens caché de ses dernières paroles, et je pleure toujours ce frère, le seul être au monde à m'avoir manifesté de la tendresse et de la complicité dans mon enfance si particulière.

C'est vrai, c'est étrange… je ne me suis pas posé alors les questions essentielles au sujet de sa mort, de ce qu'elle venait faire dans les desseins de Dieu ou ceux du Diable. Sans doute parce que les seules personnes qui auraient légitimement dû soulever ce problème ne l'avaient pas fait. Si, bien qu'accablés de douleur, mes parents admettaient cette mort, qu'aurais-je pu faire, moi qui avais été privée de libre arbitre dès ma plus tendre enfance ? Placée sur cette route étroite bordée de hautes murailles, à l'image de mes parents, je ne pouvais qu'accepter dans un chagrin indescriptible que mon frère eût disparu. Lui-même n'avait jamais émis le moindre mot de doute ou de révolte sur son sort, et ceux qui venaient à la maison lui rendre visite louaient son courage et sa foi. Je ne pensais même pas à mettre en doute la doctrine des Témoins de Jéhovah qui enseigne que la mort est tout simplement la fin de la vie. Il ne me venait pas à l'esprit d'imaginer l'âme du disparu errer entre ciel et terre dans la plénitude, et d'y puiser quelque réconfort, car ce sont des pensées interdites et perverses inculquées par les fausses religions. Un humain, pour les « vrais chrétiens », ne possède pas d'âme. Il redevient simplement poussière dans l'attente d'une résurrection physique sur une Terre transformée en Paradis, après la fin du système de choses actuel.

Je pleurais tout simplement mon frère en me consolant avec la pensée que, au moins, il avait cessé de souffrir.

Lorsque je devins mère à mon tour, je pris conscience que je serais tout à fait incapable d'accepter une telle épreuve comme venant de Dieu ou du Diable, et tous les Témoins de Jéhovah du monde seraient-ils venus me dire que Satan me provoquait pour sonder ma foi que je les aurais jetés dehors. Mais, en 1968, je n'étais pas encore capable d'une telle réflexion. Pour de longues années encore, j'allais rester prisonnière.

C'est moi qui relus un à un les livres de mon frère. Ils sont toujours à leur place, chez mes parents. Pour une fois, je mesure le privilège qui m'a été accordé dans le domaine de la lecture, et depuis ce jour où une famille modèle a refusé ces livres, je lis davantage encore. Dans un état de schizophrénie, à la fois étouffée par une doctrine et des coutumes auxquelles je me pliais, et oblitérant sans cesse la frustration que me causaient ces contraintes, les livres ont été ma seule consolation : avec eux, je m'évadais par procuration.

La politique

C'est un terme répugnant, un mot que l'on prononce seulement pour le discréditer, une parole impie qui exhale le péché, « le monde » avec ses pestilences. Chez les Témoins de Jéhovah, même en privé, il est interdit d'aborder un sujet qui touche à la politique. Et surtout, il ne faut jamais se hasarder à évoquer une opinion personnelle dans ce domaine : elle serait immanquablement rapportée aux anciens par une quelconque voie détournée, et les sanctions seraient immédiates. La raison de ce rejet est simple si l'on considère la théorie qu'elle étaie : si la politique, les partis, le pouvoir existent dans ce monde, cela ne peut être que l'œuvre du Diable, puisque le monde tel que nous le connaissons vit sous sa domination, puisque Dieu laisse encore un peu de temps au Malin avant de le détruire tout à fait, le temps pour Satan d'échouer, de démontrer que sa manière de gouverner la Terre est désastreuse, et que les hommes politiques qu'il pilote comme des marionnettes ne font qu'aggraver la situation. À partir de ce postulat, il est donc exigé des Témoins de Jéhovah qu'ils ne prennent jamais, où que ce soit sur la planète, aucune part dans aucune tâche qui toucherait à la politique, car non seulement cela ne concerne en rien les serviteurs du Vrai Dieu, mais ce serait salir son nom que de s'y intéresser.

Dans la secte, à l'instar de l'apôtre Paul (toujours lui), on désigne les représentants des états par le terme d'« autorités supérieures », qu'ils soient élus démocratiquement ou qu'ils soient despotiques. « Supérieures », parce que toutes sous la coupe du Diable qui les dirige depuis une région du ciel appelée le Tartare. Il est recommandé d'avoir envers ces autorités une soumission relative, puisque les hommes de pouvoir sont classés en deux catégories : ceux qui permettent aux Témoins de Jéhovah d'exercer leurs différentes activités, et ceux qui s'y opposent. Dans le premier cas, il est admis que ces dirigeants politiques sont partiellement éclairés par la lumière divine : les discours dispensés du pupitre comme les publications recommandent de faire montre d'obéissance envers eux, « rendant à César ce qui est à César », comme l'ordonna le Christ. Mais lorsque cette autorité fait entrave aux activités de la secte, lorsque par exemple elle fait obstacle au prosélytisme et interdit les réunions, alors il est enseigné qu'il faut, dans ce cas, « rendre à Dieu ce qui est à Dieu », et entrer dans une clandestinité organisée afin de poursuivre le travail entrepris. Cela permet d'imprimer dans les publications le martyrologe des frères emprisonnés, persécutés, parfois tués pour la défense de la « vraie religion ». Cette relation oppresseur-opprimé ne fait que renforcer la foi, une foi parfois faiblissante pour certains et dont il convient, de temps en temps, de démontrer l'importance. Elle assoit mieux encore la position des anciens dans la communauté, car elle constitue une preuve supplémentaire aux yeux de tous qu'ils sont dans le vrai, garants en quelque sorte de la foi de chacun. Ainsi, que le gouvernement leur soit favorable ou non, les Témoins de Jéhovah n'ont aucune raison de participer à la vie politique de leur pays. Il est enseigné aux adeptes ainsi qu'à leurs enfants que le manque de civisme est une vertu, une marque de cette pureté dont ils se disent les seuls dépositaires. Un Témoin qui déposerait un bulletin de vote dans l'urne républicaine pour exprimer son choix lors d'une élection se rendrait coupable d'un grave manquement à la confiance en Dieu qui, seul, peut choisir. Si un tel acte venait à être connu, l'adepte serait exclu de la communauté, ce qui est la sanction suprême puisqu'elle le coupe de tout ce pourquoi on l'a conditionné pendant une très longue période. Même ses amis n'auraient plus le droit de lui adresser la parole sous peine de tomber eux-mêmes sous le coup de quelque sanction, évidemment justifiée par les anciens à l'aide d'un verset de la Bible la plupart du temps sorti de son contexte. Si l'adepte réside dans un pays où le vote est obligatoire, il devra voter blanc, afin de n'encourir aucune sanction, que ce soit des autorités ou bien des responsables de la secte. Les commandements relatifs aux hymnes nationaux et aux drapeaux sont pénibles, principalement pour les enfants lorsqu'ils vivent dans des pays où la population est très patriotique, où ces symboles sont très forts et souvent utilisés. Il est enseigné à ces enfants que ce sont les emblèmes idolâtres d'un système diabolique, et qu'il ne faut donc jamais leur accorder une marque d'adoration. Se lever lorsque l'hymne national retentit, en quelque lieu que ce soit, est interdit. Saluer le drapeau de son pays constitue une faute grave sévèrement réprimandée. Le coupable, par ces marques de respect qu'il manifeste à son pays, est désigné comme celui qui s'associe au gouvernement politique, c'est-à-dire au représentant du

Diable. Effectuer son service militaire constitue la pire des abominations : être au service d'un État, porter un uniforme et une arme, cela fait de l'adepte un paria qui « participe ». Jusqu'à présent, partout dans le monde y compris en France, les jeunes hommes élevés par des familles de Témoins de Jéhovah passent pour la plupart courageusement l'épreuve du tribunal, puis de l'incarcération. Ils acquièrent par cette attitude ferme leurs lettres de noblesse au sein de la secte, prenant la stature de petits héros dans ce monde en autarcie spirituelle. On lit du pupitre leurs lettres, écrites en détention, toujours encourageantes. Mais si par malheur un jeune ne se sent pas capable de supporter la prison, s'il cède à la faiblesse et fait son service sous les drapeaux, l'ostracisme ne se fait pas attendre… de sorte que le pauvre jeune n'a pas le choix. Le plus souvent, celui qui cède à la facilité est exclu. Si par la suite il manifeste du repentir, les anciens, miséricordieusement, après l'avoir détruit, peuvent le réintégrer dans la communauté où souvent il est né, où il a grandi. Mais jamais, à de rares exceptions près, il ne montera un échelon de la hiérarchie : il a trahi une fois, il peut recommencer, on ne lui fera jamais confiance. Il sera en quelque sorte déconsidéré à vie, même après avoir fait amende honorable. J'ai vu dans mon enfance un couple se défaire pour cette raison, la jeune fille ne pouvant envisager de porter pour toujours une faute qu'elle n'avait pas commise. Une fois les fiançailles rompues, je les ai vus vieillir seuls, chacun de leur côté, se regardant parfois… Peut-être que je me trompais, mais il me semblait lire le regret dans leurs regards. Le regret, certes, mais jamais le doute : leur sacrifice rachetait sans doute aux yeux de Dieu, mais aussi aux leurs, la faiblesse fatale de jadis. Ils ne se sont jamais ni l'un ni l'autre mariés, et, pendant qu'ils se consumaient pour racheter une chimère, ils jetaient toutes leurs forces dans la prédication, devenant « pionniers » pour ne plus penser à leur propre souffrance. Ainsi, les dirigeants de la secte atteignent leur but : en imposant des règles justifiées par la Bible, mais qui ressemblent à un chantage, toute velléité d'indépendance finit par disparaître. La peur amène chacun à des renoncements successifs, et cette peur, on lui met un masque, on la déguise en espoir, l'espoir « d'un monde meilleur ». C'est avec cette idéologie qui ne laisse plus aucune place à une réflexion personnelle que les convertis acceptent sans broncher l'idée monstrueuse que c'est ce Dieu d'amour qui a laissé Hitler exercer le pouvoir, uniquement pour démontrer que l'homme est incapable de s'affranchir de la tutelle du Diable, et qu'il est urgent que le Royaume de Dieu mette un terme à la folie politique des hommes. Cette thèse justifie également toutes les atrocités commises sur la planète, année après année, sans que les adeptes éprouvent le besoin de contribuer à changer la situation puisque telle est la volonté de Dieu. Il ne faudrait pas, entre « frères », se hasarder à donner son avis sur la guerre du Golfe, la Bosnie, le Rwanda ou la situation en Israël… ce serait prendre parti, ce serait avoir des opinions politiques, ce serait donc être contre Dieu. Toutes ces affaires ne concernent que Lui Seul, et l'homme qui a foi en la « vérité » ne doit même pas y penser. Avec cette belle théorie, on apprend un peu plus chaque jour à devenir complètement indifférent aux misères de l'humanité, puisque, seuls à être à l'abri, on s'en remet totalement à Dieu pour changer la situation. C'est ainsi que chez les Témoins de Jéhovah, il est déconseillé de s'associer à une œuvre humanitaire, parce qu'elles font également « partie du monde », de ce monde que le Christ a condamné. Il est permis d'aider seulement « ses frères et sœurs dans le besoin »… J'ai toujours été frappée par le fait que lorsqu'une catastrophe arrive en quelque endroit du globe, un tremblement de terre par exemple, les orateurs appellent du pupitre à n'assister que leurs frères dans la foi. Et les autres ? Les autres, il arrive quelquefois qu'on les aide, mais en général, on se décharge encore une fois sur Dieu de cette responsabilité.

Il va de soi qu'il est totalement interdit de se présenter en tant que candidat à une quelconque élection, même si c'est pour être le maire ou le conseiller d'un petit village où l'étiquette politique n'a aucune importance. J'ai connu un frère qui avait eu cette audace folle. Il a été exclu immédiatement, et s'en est allé refaire sa vie ailleurs, loin des diktats et de l'absurdité d'une communauté à laquelle il a eu le courage de tourner le dos. C'est sans doute l'exception qui confirme la règle…

Même si les Témoins de Jéhovah comptent sur Dieu pour remettre de l'ordre sur cette Terre, le fait est qu'ils ignorent tous le jour où Harmaguédon s'abattra sur elle. Après avoir annoncé la probable fin de ce système de choses pour 1975, ils ne se risquent plus à prédire une date quelconque. Cette année fatale, ils l'avaient déterminée en remontant année après année la chronologie transmise par la Bible jusqu'à la création du premier homme, Adam. La Bible fait remonter l'histoire de l'humanité à six mille ans seulement. Pour les Témoins de Jéhovah, chacun des jours de création décrits dans le livre de la Genèse correspond à une période de sept mille ans. Le sixième jour débute par la création de l'homme, mais il faut en déduire une période de mille ans réservée au règne du Christ qui va suivre Harmaguédon, la destruction de ce système de choses. Restent donc six mille ans. 1975 correspondait au terme de ces six mille ans selon leurs savants calculs. On devait donc s'attendre à de grands bouleversements, voire à une guerre mondiale catastrophique. Comme rien de ce genre n'arriva, les hautes autorités de la secte expliquèrent que c'était tout à fait normal en avançant une autre théorie : après la création d'Adam, l'activité de Dieu ne fut pas tout à fait terminée, car il y eut celle d'Ève. C'est à la création de cette dernière qu'il fallait remonter pour déterminer la fin exacte de l'activité créatrice de Dieu, et calculer les six mille ans ! Mais comme la Bible n'accorde que très peu d'importance aux femmes, déterminer cette date est impossible. À ce jour, on peut dire que d'après les Témoins de Jéhovah, si Adam a eu effectivement six mille ans en 1975, il est donc resté vingt-cinq ans au moins sans compagne... En attendant la fin du monde, les Témoins de Jéhovah se préparent en faisant des réserves de nourriture qu'il leur faut régulièrement jeter à la poubelle pour cause de pourriture, comme je l'ai vu faire à ma propre mère. La confiance en Dieu a d'humaines limites, mais la peur, elle, n'en a pas.

Le sang

Voilà maintenant une vingtaine d'années, à l'occasion d'une série de grandes assemblées réunissant des centaines de milliers d'adeptes et de sympathisants en plusieurs villes du globe, de pays en pays et sur tous les continents, une représentation théâtrale fut donnée dans un but pédagogique, afin d'illustrer la position ferme que chacun se devait d'adopter face à la maladie et au problème de la transfusion de sang. Cette représentation mettait en scène une enfant et sa famille. Cette enfant, élevée dès son plus jeune âge dans la doctrine des Témoins de Jéhovah, se laissait mourir sans lutter et refusait clairement de prolonger sa vie au moyen d'une transfusion de sang. Un silence pesant était tombé sur le Stade vélodrome qui abritait pourtant plusieurs milliers de personnes. Le ressort dramatique était tendu à l'extrême, et les assistants pleuraient. Même les hommes sortaient leur mouchoir… ce qui était manifestement l'objectif recherché par les concepteurs. Pour couronner le tout, un commentaire en voix off ne manqua pas, après la mort sur scène de la fillette, de souligner qu'il s'agissait d'une histoire vécue. Cette enfant, en acceptant la mort pour la gloire de Dieu, donnait une leçon de bonne conduite religieuse non seulement à son entourage familial, mais également, par-delà la mort, à des milliers de spectateurs. Ce n'était rien d'autre que la mise en scène manipulatrice et dangereuse d'un martyre, qui plus est celui d'une enfant, mais qu'importe… On en avait fait un bon mélo, comme à la télé, à cette différence près que celui-ci était théocratiquement correct et se présentait comme un exemple à suivre, pour la gloire de Dieu, par ses seuls disciples les Témoins de Jéhovah. Je ne comprenais pas très bien, à vrai dire, pourquoi une telle émotion submergeait l'assistance silencieuse et tendue, ni, étant mère moi-même, comment les parents de cette enfant mais aussi ses médecins pouvaient l'abandonner ainsi à une mort certaine sans épuiser toutes les ressources de l'arsenal médical. Jamais je n'aurais suivi cet exemple dans une telle situation. Cette représentation dramatique produisit sur moi l'inverse de l'effet recherché : ce fut une fêlure de plus envers cet engagement dans lequel on m'avait entraînée à mon corps défendant. Si je pouvais comprendre ce que certains adultes infligeaient à leur propre corps, il m'était impossible d'envisager l'éventualité d'imiter l'attitude de cette mère pour l'une ou l'autre de mes filles. Alors, au milieu de tous ces gens qui pleuraient devant cette fillette mourante, je recommençai à me demander si j'étais une bonne chrétienne. Mais répondre non, à cette époque, m'aurait coûté beaucoup trop : c'eût été reconnaître que mon père avait raison, que j'étais quelqu'un de mauvais ; c'eût été le perdre définitivement. J'éludai donc lâchement ce problème et sortis de l'enceinte du Stade vélodrome avec mes enfants, le cœur un peu plus lourd, un peu plus partagé.

Pour comprendre la position particulière des Témoins de Jéhovah sur la question relative aux transfusions sanguines, un bref historique s'impose.

L'interdiction d'absorber du sang fut donnée au peuple juif par Dieu dans l'Ancien Testament, en même temps qu'une longue liste d'aliments qu'il leur était interdit de consommer. En ce qui concerne le sang, les Juifs, qui étaient le peuple élu de Dieu, ne devaient pas y toucher au motif qu'il représente la vie. Après la mort du Christ, cette interdiction fut renouvelée par l'apôtre Paul (décidément) dans le Nouveau Testament, livre des Actes des Apôtres, chapitre quinze versets vingt-huit et vingt-neuf. Il y est dit très exactement : « Car il a paru bon au Saint Esprit et à nous de ne vous imposer d'autre charge que ce qui est nécessaire, savoir, de vous abstenir des viandes sacrifiées aux idoles, du sang, des animaux étouffés, et de l'impudicité, choses contre lesquelles vous vous trouverez bien de vous tenir en garde. » Ces paroles sacrées furent écrites au tout début de l'ère chrétienne. Les premiers chrétiens, persécutés par César, s'y conformèrent à la lettre. Des historiens comme Flavius Josèphe témoignèrent en leur temps de ces fidèles qui préféraient se laisser mourir de faim plutôt que d'accepter de manger les boudins gonflés de sang qu'on leur proposait, comme une provocation, dans les prisons romaines. Beaucoup d'adeptes de la « voie » moururent ainsi.

S'appuyant sur les mots de saint Paul, en l'occurrence le verbe « s'abstenir », les Témoins de Jéhovah justifient une interdiction totale recouvrant un domaine bien plus large que le secteur alimentaire. Pourtant, ce que tout un chacun comprend à la lecture de ce passage de la Bible qui complète ceux de l'Ancien Testament, c'est bel et bien que Dieu pose là un interdit de nature alimentaire : il y est fait référence aux « viandes sacrifiées aux idoles », dont le chrétien devait « s'abstenir », c'est-à-dire qu'il ne devait pas en manger. En ces époques lointaines, connaissait-on un autre moyen d'absorber du sang ? Le commandement donné aux Hébreux dans le livre du Lévitique, chapitre 17, versets 10 à 16, fait lui aussi, à plusieurs reprises, référence au verbe « manger ». Mais pour les Témoins de Jéhovah, cet argument logique qui ramène le sang au rang d'un simple aliment ne suffit pas. Si l'apôtre Paul a employé le verbe « s'abstenir », il faut l'interpréter comme une interdiction absolue, puisque ce verbe signifie littéralement : « ne pas utiliser ». Cela implique, bien entendu, qu'ils n'en consomment pas dans leur nourriture, ainsi que le font également des millions d'hommes et de femmes à travers le monde parce que leur religion le leur commande, mais aussi et surtout, cela implique qu'ils n'en acceptent pas pour une transfusion, même si celle-ci doit sauver leur vie ou celle d'un membre de leur famille, y compris leurs enfants. Pendant longtemps, le corps médical a tenté de lutter contre cette idéologie particulière et restrictive, car les médecins savent bien, eux, que parfois, il est impossible de faire autrement pour sauver une vie humaine. Mais dans le monde intransigeant de la secte, il est préférable de mourir plutôt que de céder à la tentation de vivre et d'accepter une transfusion de sang. Dans ce cas extrême, l'adepte courageux, voire décédé, devient un héros ; il est porté aux nues.

Et puis un jour, le fléau du VIH submergea la planète, et je recommençai un moment à penser que mes doutes étaient sans fondement, que je me trouvais réellement au sein du peuple de Dieu. Dans les diverses tribunes auxquelles j'assistais se succédaient orateurs et discours remerciant Jéhovah de les avoir prévenus, par sa parole sainte, de se garder du sang et des pratiques sexuelles impures. Une fois de plus, Dieu avait protégé son peuple en lui faisant parvenir des instructions précises. Je ne savais plus que penser. Une chose me gênait toutefois ; c'était cette sorte d'orgueil, cette satisfaction affichée d'avoir eu raison contre le reste du monde, d'avoir été dans le vrai sur ce point précis et si controversé de la transfusion de sang. Dans les discours, il n'y avait pas de place pour la compassion envers les « incroyants » qui succombaient au fléau, seulement l'immense fierté de prouver à la face du monde que les Témoins de Jéhovah étaient bien le « peuple élu » qui échappait, par la grâce divine, à l'une de ces pestes modernes que le Christ avait annoncées comme un signe de cette fin des temps que nous étions en train de vivre. On se servait du sida comme d'une arme, d'une preuve incontournable, d'une justification : c'était bien « la vérité » ! Peu à peu, je compris que cela me dérangeait au plus profond de moi. La foi n'a pas besoin de preuves, et les personnes pieuses ne se réjouissent pas du malheur des autres, même s'il prouve qu'elles sont dans le vrai. Je me sentais de plus en plus mal à l'aise.

Lorsque les transplantations d'organes apparurent dans les traitements médicaux, les Témoins de Jéhovah commencèrent par considérer ces pratiques comme relevant du cannibalisme. De nombreux articles dans les publications de cette époque en font foi. Je me souviens en particulier du témoignage d'une personne greffée du cœur qui racontait à un Témoin, sous forme de reportage, combien elle regrettait d'avoir choisi la transplantation car, depuis, elle se sentait envahie par une autre personnalité que la sienne, comme si l'organe que les médecins lui avaient greffé continuait dans son corps à transmettre les émotions qu'il avait portées dans un autre...

Cependant, les Témoins de Jéhovah révisèrent assez rapidement leur position : elle ne pouvait se justifier par aucun texte biblique, fût-il ambigu comme ceux relatifs au sang. Même saint Paul n'y avait pas pensé ! Les quelque quarante écrivains inspirés qui produisirent les textes constituant la Sainte Bible telle que nous la connaissons n'ont jamais jugé utile de donner des instructions relatives au cannibalisme.

Leur revirement me choqua plus encore que la position initiale que les Témoins avaient adoptée car, dans sa logique sectaire, ce raisonnement avait l'avantage d'une certaine cohérence. En effet, si « absorber » du sang doit être considéré dans le sens où on le fait entrer dans l'organisme par un acte médical et devient ainsi un synonyme d'« ingérer », alors, logiquement, il doit en être de même pour une greffe d'organe, cet organe que le corps qui le reçoit doit « absorber » par un acte également médical. C'est d'ailleurs ce raisonnement bien argumenté qui avait été adopté et exposé dans les publications et les discours publics lorsque les premières greffes d'organes étaient apparues. Même si ce type de logique me laissait songeuse, même si j'étais doucement en train de prendre conscience du sectarisme et de l'intolérance qui m'entouraient, je trouvais raisonnable cet engagement puisqu'il s'inscrivait dans la ligne de tout ce que j'avais toujours entendu sur le sang. Cependant, c'était pour moi une confusion de plus. Une invraisemblable dichotomie me poussait à admirer les exploits de ces chirurgiens de l'impossible, et à les rejeter en même temps. Il me paraît maintenant évident que les rédacteurs de la Bible n'avaient jamais envisagé ni les transfusions de sang, ni les transplantations d'organes. En effet, mille neuf cents ans nous séparent du dernier rédacteur biblique, et cela, c'est un fait incontournable qui autorise le lecteur à comprendre que l'interdit se rapportant au sang ne pouvait être qu'un interdit d'ordre alimentaire, et rien d'autre.

Si, depuis quelques années, les Témoins de Jéhovah acceptent les transplantations d'organes, ils exigent cependant qu'elles soient pratiquées sans transfusion de sang. Quelle extraordinaire contradiction ! On n'utilise pas le sang parce qu'il représente la vie, mais un cœur, lui, que représente-t-il d'autre ? Ou un rein, pour celui qui est en train de mourir ? Comment peut-on jouer ainsi à l'apprenti sorcier et être à ce point aveugle pour ne pas voir ce qui est évident ? Dans ce domaine, les anciens se prennent carrément pour Dieu et se croient autorisés, au nom de la religion, dans un cas à conseiller de sauver une vie par le moyen d'une transplantation d'organe, et dans l'autre à prescrire la condamnation à mort des hémophiles, des leucémiques ou des êtres humains ayant perdu une grande quantité de sang lors d'un accident grave, ou même des nourrissons ayant un besoin vital d'une exsanguino-transfusion. Il est vrai que ce problème du sang ne doit pas être pris à la légère. Il est vrai que l'on ne doit pas banaliser cet acte médical sérieux, qu'il mérite réflexion. Il est vrai que le sang représente le vie ainsi que l'enseigne la Bible, mais pas plus qu'un rein ou un cœur. D'ailleurs, justement, ne vaut-il pas mieux, dans tous les cas, préserver ce don précieux de la vie, plutôt que d'aller vers un sacrifice dont le sens n'est clair et salvateur que dans le microcosme si étroit des Témoins de Jéhovah ?

Ces derniers se sont maintenant dotés d'un Comité aux affaires médicales où siègent des médecins adeptes ainsi que les anciens qui comptent dans la hiérarchie. Ce

Comité possède des listes de chirurgiens sympathisants qui acceptent de traiter les patients selon leurs croyances religieuses. En l'occurrence, ils s'engagent à pratiquer toute les interventions chirurgicales, y compris les transplantations d'organes, sans transfuser une goutte de sang, respectant les convictions des Témoins de Jéhovah jusque dans le bloc opératoire. Sans doute ne se rendent-ils pas bien compte qu'en agissant ainsi ils avalisent le sectarisme et l'intolérance, et amènent les gens ordinaires à se poser au sujet de la médecine nombre de questions. Faut-il considérer que les nombreux chirurgiens qui sont amenés à pratiquer une transfusion de sang le font à tort et à travers ? Que se passe-t-il réellement dans le bloc opératoire lorsque se présente une situation critique ?

Pour être assuré que ses exigences d'ordre religieux seront respectées, un adepte qui doit subir une intervention chirurgicale s'adresse au Comité Judiciaire de sa congrégation. Ce dernier alerte le Comité aux affaires médicales de la région et prend les contacts nécessaires avec les médecins concernés. Le réseau se met en marche avec une grande efficacité, certains Témoins de Jéhovah venant même de l'étranger pour bénéficier des techniques de pointe de notre pays, mais surtout de la bienveillance du corps médical. Les proches sont toujours hébergés dans des familles d'adeptes, et les « frères et sœurs dans la foi » visiteront le malade, quels que soient la région où le pays d'où ils viennent : il est nécessaire de les soutenir moralement, mais surtout de leur éviter de céder à des pressions concernant les transfusions de sang au cas où leur état se détériorerait au point de rendre cet acte inévitable. Tous les médicaments disponibles sont également listés, au cas improbable où ils contiendraient un composant dérivé du sang. Des geôliers de l'âme, bienveillants et attentifs, se dévouent au chevet de chaque malade.

En 1992, je dus subir plusieurs interventions chirurgicales lourdes et successives. J'étais déjà très anémiée, minée par des hémorragies qui m'affaiblissaient depuis trois longues années. Après la deuxième opération, j'étais déjà passablement diminuée, et lorsqu'une troisième intervention s'avéra indispensable, ce fut la catastrophe. Pendant cette énième laparotomie très délicate, j'avais perdu beaucoup de sang. Prévenants, les médecins m'avaient demandé si, en cas d'urgence, ils pourraient pratiquer sur moi une transfusion de sang, mais j'avais refusé catégoriquement. Bien qu'ayant quitté la secte depuis quelques années, je ne pouvais me résoudre à braver cet interdit. J'avais peur, une peur irraisonnée, de transgresser ce commandement divin, ce tabou absolu qui, on me l'avait seriné pendant trente-cinq années, était un crime. Mais j'avais peur aussi parce que, dès que j'avais repris connaissance, les médecins m'avaient informée que mon taux d'hémoglobine était tombé si bas qu'ils étaient réservés sur mon pronostic vital. J'étais déchirée par la douleur, mais aussi par ce choix auquel j'étais confrontée. Mon fils avait sept ans à peine, et je voyais mon mari malheureux et très inquiet. Ma raison me soufflait la décision nécessaire, mais mon cerveau ne pouvait encore s'y résoudre tant était forte l'emprise de cet enseignement que j'avais reçu. C'est alors que la porte de ma chambre s'ouvrit et que ma tante arriva. Elle sut trouver les mots nécessaires pour exprimer sa sollicitude et sa colère sans choquer ma conscience. C'est à son intelligence que je dois d'être encore de ce monde aujourd'hui. Ce jour-là, après une longue conversation, tandis que les médecins attendaient ma décision, je finis par comprendre et par accepter, mais je n'avais pas vraiment le choix. J'étais dans un tel état de faiblesse que le seul fait de respirer me demandait un effort. Ma tante ne m'abandonna pas. Terrifiée, je pleurai lorsque l'aiguille pénétra dans mon bras. J'attendais de mon corps une réaction de rejet. J'étais sûre que j'allais mourir foudroyée... Je ne saurais décrire avec des mots l'état de détresse infinie dans lequel je me trouvais, et physiquement, et moralement. C'est alors que mon père arriva... Lui qui s'était si peu dérangé pendant les longues semaines durant lesquelles j'étais hospitalisée, il arrivait maintenant, au moment précis où il m'était impossible de croiser son regard. J'aurais voulu m'évanouir pour ne pas avoir à le faire. Ma tante se leva et lui demanda gentiment de s'en aller : « Ce n'est pas le bon moment », lui dit-elle. Lui, dans l'encadrement de la porte, ne prononça pas un mot de réconfort pour moi, mais je lus dans le feu de ses yeux une condamnation définitive. Déjà, je me sentais un peu mieux. Déjà, mon corps me criait que j'avais fait le bon choix, mais, inexplicablement, j'avais honte de ce que mon père avait vu.

Une page se tournait définitivement pour moi ce jour-là, et il me fallut beaucoup de temps pour faire le tri parmi toutes les idées qui encombraient mon cerveau et tiraillaient ma conscience. Mais, finalement, je fis la paix avec moi-même. Je suis en vie, et je n'en ai pas honte... J'en jouis simplement chaque jour davantage, connaissant peut-être mieux que d'autres son prix.

Les biens matériels

Lorsque notre troisième fille vint au monde, il nous parut évident d'acheter de quoi assurer à notre famille des vacances agréables et décentes. Jusqu'ici, nous avions vécu dans un appartement que nous louait mon grand-père, et nous passions nos vacances dans une caravane que mes parents nous avaient offerte à l'arrivée de notre premier enfant. Mais, autant mon mari que moi-même, nous commencions tout doucement à prendre nos distances avec l'idéologie sectaire et intolérante des Témoins de Jéhovah. Nous avions envie d'autre chose pour notre famille : nous voulions une maison. Trop d'incidents étaient arrivés qui, petit à petit, nous permettaient d'ouvrir les yeux. Et puis, cette petite flamme de la révolte qui couvait en nous depuis notre adolescence, si elle avait été étouffée pendant de longues années, ne s'était pas éteinte. Elle nous avait déjà permis de nous élever seuls contre tous pour adopter notre fille aînée, malgré ceux qui nous disaient : « Tu dois faire confiance à Dieu, tu ne dois pas décider toi-même. » Et pourtant, acheter cette maison nous effrayait un peu. Nous avions l'impression de transgresser une règle non écrite qui nous placerait soudain sur le même plan que les gens du

« monde », et cela nous faisait un peu peur. Chez les Témoins de Jéhovah, l'ensemble des choses et des gens extérieurs à la secte supporte le terme péjoratif teinté de mépris de « monde ». Imiter leurs attitudes, leur façon de vivre, c'est leur ressembler et c'est mal vu. À la longue, il nous avait paru plus facile, plus confortable, de nous croire à l'abri, de consentir à quelques sacrifices, plutôt que de nous rebeller et de tout perdre. « Tout » ? Mais, finalement, nous nous demandâmes ce que recouvrait ce « tout » et, au fil du temps, nous nous posâmes les questions essentielles, nous découvrîmes la vanité de ce mot employé à tort et à travers. Pour nous, « tout » était ailleurs ; c'était d'abord notre amour indestructible, et maintenant, c'était aussi le bonheur de nos enfants.

Enfin, nous l'avons achetée, cette maison en ruine au fin fond de l'Ardèche. Nous avions contracté un emprunt sur quinze ans afin de pouvoir patiemment la rebâtir, pierre après pierre. Nous étions en 1981, et mon père me dit alors, avec son mépris habituel pour tout ce que nous entreprenions : « Vous n'aurez pas le temps de finir de payer cette maison, Harmaguédon arrivera bien avant. » Mais notre maison est bel et bien debout, solide, remplie de rires et d'amour… et l'emprunt, lui, est remboursé depuis plusieurs années. Mais qu'importe ! Pour mon père et ma mère, nous ne sommes pas ces parents courageux qui ont offert une maison à leurs enfants, nous sommes des matérialistes.

Comme pour tant d'autres choses, le Dieu des Témoins de Jéhovah condamne sans appel tout désir de posséder. L'argument est on ne peut plus clair : pour quelles obscures raisons s'encombrer de biens matériels ? Pourquoi, par exemple, s'endetter pour devenir propriétaire, puisque tout ce qui existe dans ce système de choses est promis à une destruction prochaine ? Donnons-nous plutôt tout entiers à Dieu, l'esprit libéré de ces sottes contraintes… et surtout, apportons notre obole comme « contribution volontaire » à la secte qui, elle, achète et construit à tour de bras sans se soucier d'un divin cataclysme. C'est pour la bonne cause… Les orateurs qui abordent ce sujet expliquent avec circonspection que le jour où Dieu déclenchera sa colère contre l'humanité, il épargnera toutes les Salles du Royaume des Témoins de Jéhovah, celles-ci devenant autant d'arches de Noé symboliques, le seul refuge possible, celui du véritable peuple de Dieu. Il protègera uniquement son peuple et, pour cette raison, il est urgent de se conformer à ses seuls principes, c'est-à-dire ceux de la secte, et de construire des Salles du Royaume, car, si cela n'est pas fait, ce Dieu que l'on dit d'amour ne pourrait assurer la protection de ses « brebis » restées hors du refuge au jour de la destruction.

Avec un tel raisonnement, toute convoitise relative à un bien matériel a toujours été vivement déconseillée, surtout en ce qui concerne les achats importants. À la fin des années cinquante, le « frère » ou la « sœur » qui achetait un réfrigérateur pour le confort, l'hygiène ou le petit plus qu'il apportait à la vie quotidienne, celui-là était considéré comme un « matérialiste » et se voyait réprimandé par les responsables, car il allait susciter l'envie et être regardé de travers par les frères qui n'avaient pas les moyens de s'offrir la boîte magique. Ceux-là transformaient leur ressentiment en pitié : « Le pauvre ! Il a succombé à la tentation ! » Lorsque, à cette époque, ma mère exigea un réfrigérateur, estimant à juste titre que ce serait plus pratique que notre vieille glacière, mon père fit le sourd pendant des mois, uniquement retenu par le qu'en-dira-t-on, grand régisseur de notre monde clos aux vues étroites.

Quelques années plus tard, la télévision fit son apparition dans le grand public, et la possession de cet appareil devint, du pupitre comme dans les travées, l'objet d'un grand nombre de discours : « Le matérialisme et sa façon de le combattre... », « Le désir malsain de la possession... » Bien entendu, car la télévision détournait les adeptes sérieux de l'étude de la Bible. Dans ce domaine comme dans bien d'autres, je ne fus pas privilégiée : mes parents n'achetèrent jamais cet objet de toutes mes convoitises, même lorsqu'il fut évident que tous les foyers s'équipaient petit à petit. Ils résistèrent même lorsque mon frère, malade, grabataire, aurait été si heureux de cette ultime distraction. Ils ont tout de même fini par craquer, au soir de leur vie, et agrémentent leur retraite avec le petit écran, dont la possession ou le refus ne fait plus l'objet de grands discours puisqu'il est devenu banal. Mais ils n'ont pas cédé au matérialisme, et ils en sont fiers ; ils n'ont suscité ni l'envie ni la jalousie chez leurs coreligionnaires par l'achat d'une nouveauté scandaleuse.

La dépense la plus importante d'une famille, celle qui engage pour de longues années, reste l'acquisition d'un logement. Mais le matérialisme est si fortement condamné dans les discours récurrents de la secte que ceux qui envisagent un achat immobilier se sentent coupables, et ceux qui le réalisent ont tendance à le cacher pour préserver leur image. C'est probablement un peu moins vrai de nos jours car, heureusement, l'acquisition de son logement est en train de se démocratiser. Lorsque l'achat de notre « maison », qui n'était en fait qu'une ruine, fut connu au sein de la congrégation, les remontrances des anciens (et de ceux qui voulaient le devenir) se mirent à se multiplier au sujet de notre supposé « matérialisme », symbole de notre manque de foi et défi à Dieu. Cela semait le doute chez nos frères et sœurs, nous étions ce « levain qui fait lever toute la pâte », puisque nous remettions en question avec cette acquisition l'éventualité de la destruction de « ce système de choses dans lequel nous vivons ». Blindés par des années de résistance passive, ces remarques, au lieu de nous blesser, devinrent si familières qu'elles finirent par ne plus nous atteindre. Nous les avions entendues tellement souvent ! Et à propos de choses tellement différentes ! Nous commencions, à vrai dire, à nous lasser de cette espèce de dictature, et nous en avions assez de supporter sans cesse cette culture de la mort. Petit à petit, grâce à nos enfants, nous ouvrions les yeux sur une autre vie, la vie réelle, comme un malade qui entre en convalescence. Oui, cette maison à rebâtir fut, entre autres choses, un artisan de notre libération. Elle nous permit de construire de nos mains un asile chaleureux, et nous étions bien placés pour voir que Dieu n'était ni pour ni contre ce que nous faisions... Dieu avait sûrement d'autres chats à fouetter. Parmi tous ceux qui nous ont aidés dans cette folle entreprise qui consistait à retaper une ruine, bien peu étaient Témoins de Jéhovah. Ces derniers étaient inconnus dans ce tout petit village d'Ardèche. C'est parmi ses habitants que nous avons découvert une réelle fraternité humaine, tranquille et naturelle, celle que tant de gens recherchent toute une vie. Nous avons partagé leurs repas sans que, jamais, il ne soit question d'argent ; nous avons ramassé des légumes et des pommes de terre dans leurs potagers aux périodes de vaches maigres car leur générosité est immense ; nous n'avons jamais manqué de rien, et nos enfants furent heureux avec les leurs, barbouillés tous ensemble de jus de myrtille et de terre mouillée.

Dix-huit ans plus tard, depuis la fenêtre de cette maison que mon père, dans son aveuglement, pense toujours vouée à la destruction, je contemple les vaches qui paissent paisiblement en contrebas, dans ce pré qui lui aussi nous appartient, mais qu'il ne nous viendrait jamais à l'idée de clôturer, et je me dis que le matérialisme a le goût du bonheur. Lorsque nous avons acquis cette parcelle de sérénité, la plus âgée de nos filles avait huit ans, et le dernier de nos enfants n'était pas encore né. Nos quatre enfants ont passé bien des étés ici, avec leurs copains. Cette maison, c'est toute leur enfance, leurs racines, leurs souvenirs les plus chers. C'est leur libération aussi.

L'acquisition d'un véhicule fait également l'objet de longues discussions relatives au matérialisme. Implicitement, sans que jamais la chose ne soit clairement formulée, on considère chez les Témoins de Jéhovah que l'achat d'une voiture neuve est une preuve ostentatoire de matérialisme. Oh ! on ne reproche rien de manière publique et directe, mais on condamne, par de petites remarques, par un discours habilement tourné, l'attitude de certains. On stigmatise le désir bien humain de satisfaire quelque envie et de partager sa joie avec son entourage, et ainsi de « troubler la conscience collective de la congrégation ». Alors, prenant les devants, les supposés fautifs se forgent un alibi. Ce sera leur travail profane qui les oblige à parcourir de longues distances, ou autre chose… Ceux qui manquent d'imagination ou qui ont peur du jugement que l'on va porter sur eux mutilent leur plaisir en faisant l'acquisition d'un véhicule d'occasion qui présente toutes les qualités théocratiques : une dépense « modeste » pour un véhicule « modeste ». En compensation de cette frustration, ils peuvent afficher cette modestie comme un étendard, et c'est pour cette raison que mon père roule aujourd'hui dans une voiture qui a vingt ans d'âge. Lorsque notre quatrième enfant fit son entrée dans notre famille, nous fîmes l'achat scandaleux d'un monospace neuf ! Nous étions devenus indifférents à cette ambiguïté délétère qui avait pesé sur nous pendant tant d'années. Pendant douze ans, notre « autocar », comme l'appelaient les enfants, transporta des quantités de copains grands et petits, hurlant de rire, avec des échafaudages compliqués de bagages chancelant sur le toit. Nous avons bien profité de cet achat « matérialiste », et j'ai beaucoup pleuré quand nous l'avons vendu.

Les conseils des anciens suffisent très souvent à gagner un esprit affaibli par une indigence spirituelle uniquement axée sur les interdits, à attiser les peurs intérieures de chacun pour fortifier la soif de repentir et de rachat qui sommeille en chaque être humain… C'est facile ! La finalité du credo antimatérialiste des Témoins de Jéhovah repose entièrement sur ce postulat : « Donnons notre temps et notre argent à Dieu, ne laissons pas les soucis matériels envahir et polluer notre esprit, mais occupons-nous uniquement des valeurs spirituelles, ce qui nous évitera d'être détruits au jour d'Harmaguédon. » Bref, vivons, oui, mais vivons à demi, vivons petitement, vivons sans plaisir, vivons en austérité et dans la crainte, toujours dans la crainte.

La nature humaine

Au sein de la congrégation, certains incidents plus ou moins fréquents permettent à ceux qui ne sont plus tout à fait aveugles de se rendre compte que l'humaine nature reste toujours ce qu'elle est, même sous le vernis théocratique le mieux affiché.

Dans les années quatre-vingt, une sœur très âgée et financièrement à l'aise ne se présenta pas à la réunion du dimanche, à laquelle pourtant elle était très assidue. Le lendemain matin, un frère de ses amis, un homme simple et d'une grande bonté, lui aussi d'un âge avancé, se rendit chez elle pour s'assurer qu'elle n'avait besoin de rien. Le pauvre homme eut la mauvaise surprise de trouver la vieille sœur morte dans son salon ! Comme il ne savait pas très bien ce qu'il convenait de faire dans de telles circonstances, il téléphona à un ancien de la congrégation, un « pionnier spécial » qui jouissait d'un grand prestige et d'une non moins grande considération au sein de notre petite communauté. Cet ancien modèle, à qui toute la communauté demandait conseil, fit alors au vieux frère affolé cette suggestion stupéfiante : « Prends tous les bijoux et tout l'argent que tu peux trouver dans la maison. Tu comprends, sœur X n'a pas d'enfant, et le reste de sa famille n'est pas dans la vérité. Tout ce qu'elle possède va tomber entre leurs mains, alors, ne perds pas de temps. » Quelque peu interloqué par cette injonction saugrenue, le pauvre frère retrouva néanmoins ses esprits et heureusement ne fit rien de tout cela. Il se borna à appeler les secours. Cependant, par la suite, il confia aux autres anciens le contenu insolite de cette conversation téléphonique. Une confrontation avec l'intéressé s'en suivit, au cours de laquelle le vieux frère fut tout simplement traité de menteur. On suggéra également que le choc de la découverte macabre ajoutée à son grand âge avaient quelque peu altéré ses facultés mentales et sa mémoire… Mais quelques anciens, rivaux de notre héros, avides de se partager le pouvoir qu'il était en passe de perdre, voulurent bien ajouter foi au récit du pauvre vieux frère. Cette affaire fit un grand scandale dans la congrégation, car tout le monde fut rapidement au courant par le moyen du téléphone arabe. On parlait de vol, de spoliation… Il ne se passa toutefois rien : cet ancien respectable ne fut jamais inquiété. Il conserva sa position et continua à écraser de son mépris non seulement le pauvre frère, mais aussi ceux qui avaient eu l'audace de se frotter à lui. Pour autant que je sache, cet ancien occupe toujours la même position aujourd'hui, et juge ses semblables en sa qualité de membre du Comité judiciaire de sa congrégation.

À une autre occasion, l'annonce publique de l'exclusion d'un ancien stupéfia l'auditoire. Il s'agissait en effet d'un membre redouté du Comité judiciaire d'une congrégation voisine, qui jugeait et punissait ses semblables avec une sévérité toute biblique. Comme toujours, son exclusion fut motivée par une « conduite indigne d'un chrétien », mais le téléphone arabe, toujours lui, donna des nouvelles. Ce frère exemplaire entretenait depuis plusieurs années une relation adultère avec une sœur de sa congrégation, mariée elle aussi.

Durant la longue période pendant laquelle j'ai partagé l'existence des Témoins de Jéhovah, j'ai pu observer un certain nombre de situations aussi bizarres que malsaines, principalement dans le domaine des relations sexuelles qui, pourtant, sont strictement codifiées. Par exemple, voici un frère, serviteur ou ancien, marié, avec même deux enfants. Il ne s'entend plus avec son épouse, mais cette dernière est irréprochable, et donc, il ne peut divorcer. Puis, il tombe amoureux d'une autre femme, en général une sœur, ce qui est tout de même fort curieux puisque, plus que toute autre, elle se doit de repousser de telles avances. Mais ce frère pense que sa faute est moins lourde s'il ne va pas chercher la satisfaction de ses désirs « dans le monde », tout en voulant parvenir à ses fins. La relation suit son cours, et notre frère s'arrange pour se faire pincer en flagrant délit, par exemple en train d'embrasser sur la bouche cette sœur qui n'est pas sa femme. Sommé de s'expliquer devant le comité judiciaire, notre homme s'exécute, et le voilà inévitablement exclu. C'est, il le sait, l'humiliation nécessaire, le prix à payer pendant quelques mois si tout se passe comme il l'a prévu. À ce moment, puisqu'il est exclu, et n'est plus sous le coup des lois internes de la secte, il règle ce divorce qu'il attendait, et se remarie avec la sœur qu'il s'est choisie et qui partage le fardeau de son humiliation. Une fois sa situation clarifiée, les mois passant, voilà notre homme de nouveau « en règle » avec les principes moraux des

Témoins de Jéhovah : il est marié, et il est fidèle à son épouse. Il lui suffira de faire preuve de repentir, d'assister assidûment à toutes les réunions sans adresser la parole à quiconque, de supporter les visites du Comité judiciaire à son domicile… et, au bout de quelques mois, voire une année ou même deux dans le pire des cas, le couple sera réintégré au sein de la congrégation qu'ils n'ont même pas songé à quitter, puisque cet univers fait partie intégrante de leur vie. Ils sont libres de s'afficher, libres de renouer avec leurs anciennes connaissances, et libres de mener la vie qu'ils avaient choisie… Mais, l'épouse bafouée, elle, comment peut-elle admettre la « justice divine » d'une telle situation ? J'ai pu personnellement observer des situations de ce genre, et elles m'ont choquée. La Bible ne commande-t-elle pas « Réjouis-toi avec la femme de ta jeunesse » ? Et les tenants d'une morale aussi sévère que celle de cette secte ne doivent-ils pas, plus que tous les autres, s'en tenir à ce que commande cette Bible ? Loin de moi l'idée de condamner l'infidélité ou le divorce, chacun fait ce qu'il veut de sa vie. Mais des pratiques de ce genre sont le révélateur de cette perfection d'apparence, d'apparence seulement, dont se parent toutes les sectes du monde.

Dans ce microcosme, on peut observer également quelques tricheurs. Des frères en général, car les femmes m'ont toujours donné l'impression d'une plus grande honnêteté : elles n'ont rien à prouver et aucun pouvoir à conquérir. Des « pionniers », censés exercer l'activité de prédication cent vingt heures par mois au minimum, et qui reçoivent en contrepartie une aide financière. Il m'est arrivé de me demander comment tel pionnier trouvait le temps de démonter sa voiture et de la réparer, de cultiver son jardin, de faire de gros travaux dans sa maison, de préparer ses réunions, les discours nombreux et variés qu'il y donne, et de remettre un rapport de prédication excédentaire…

Les Témoins de Jéhovah veulent donner au reste du monde une impression de perfection, d'honnêteté, de fraternité, comme une leçon qu'ils lui jettent à la face. Vu de l'extérieur, ce n'est pas bien difficile, mais vu de l'intérieur pendant trois décennies ils ne sont pas, en vérité, bien différents de ce monde qu'ils méprisent. Ils connaissent tout simplement mieux l'art subtil de la dissimulation.

Leur but

Il est indéniable que l'objectif de beaucoup de sectes est de s'emparer des biens des personnes qu'elles prennent dans leurs filets. Ce type de harcèlement n'est pas mis en évidence chez les Témoins de Jéhovah. Rien n'y est vendu, et aucun plateau ne circule pour quelque quête que ce soit, car l'argent est considéré comme étant « la racine de toutes choses mauvaises », toujours d'après l'apôtre Paul, et l'on n'y fait référence que du bout des lèvres, avec un peu de dégoût. Une fois par mois, les comptes de la congrégation sont présentés dans un rapport public exposé sur l'estrade, et tous les adeptes sont renseignés sur les besoins de la congrégation. Cependant, les appels aux dons sont fréquents, principalement lors de la réunion du mardi soir. Au fond de la salle se trouve une boîte à contribution et, du pupitre, un effort particulier est toujours demandé à l'assistance, principalement lorsqu'il s'agit de l'acquisition d'une nouvelle Salle du Royaume. L'argent collecté vient des dons offerts dans ce tronc – mais il ne faut surtout pas lui donner ce nom – par les personnes qui assistent aux réunions, ainsi que des contributions volontaires recueillies auprès des personnes rencontrées en prédication et qui ont donné quelque chose en échange des publications qu'elles ont acceptées. Même si cela semble peu visible, l'argent joue son rôle, car il est indispensable comme partout ailleurs… Lorsque les besoins de la congrégation sont couverts par les dons, il est fortement souhaitable qu'il reste de l'argent dans la caisse, pour que tout ou partie de cette somme soit envoyé au siège central qui l'utilise comme bon lui semble. C'est ainsi que, à l'échelon national, les Témoins de Jéhovah sont à la tête d'un joli patrimoine immobilier, chaque congrégation se faisant un devoir et une fierté d'envoyer à chaque fin de mois une belle somme au siège central de l'organisation. Il en est de même dans chaque pays où leur organisation est représentée ce qui fait que, sur le plan international également, on peut envisager un patrimoine impressionnant.

Pour l'adepte de base, l'objectif est de prêcher, de faire des disciples, de sauver le plus d'individus possible puisque le présent système de choses est condamné. Il ignore qu'il est dans une secte puisque ce mot est interdit et que les responsables ne cessent de lui dire qu'il ne s'applique pas à eux.

Mais l'objectif est-il le même pour tous ? Lorsqu'on est enfin sorti de ce système infernal, on reconsidère la question et alors on se dit : « Quelle présomption ! » Car enfin, si Dieu il y a, ne lui revient-il pas, et à lui seul, d'exercer ce sauvetage ? Qu'aurait-il à faire de quelques humains se prétendant meilleurs que leurs semblables ? Inévitablement, on pense à ces milliards d'humains non chrétiens : certains ne mènent-ils pas une existence pieuse et droite ? Pourquoi Dieu renierait-il la sagesse bouddhique, par exemple ? Mais il est vrai que l'occasion de prendre du recul se présente rarement… Quand elle se présente enfin, la petite lumière au bout du chemin, l'évidence de la seule réponse possible concernant le véritable objectif des Témoins de Jéhovah s'impose d'une manière implacable : satisfaire le désir de domination et de pouvoir des hommes et s'assurer de la soumission des femmes, de leur place de subalternes qui compte beaucoup dans cette microsociété. Il est impératif, par le pouvoir et la pression morale, de pérenniser l'antique mode de vie tel qu'il est posé comme modèle dans la Bible, sans tenir compte de l'évolution sociale liée au progrès, sans se demander si, au fond, les patriarches exemplaires de l'histoire biblique étaient véritablement misogynes ou s'ils vivaient tout simplement avec leur temps, qui n'est pas le nôtre. Il existe à travers le monde de nombreuses sectes, de nombreux groupements religieux bâtis sur ce modèle, comme les Quakers, ou les Amish qui poussent encore plus loin l'asservissement de la femme. Les catholiques intégristes, les islamistes fondamentalistes procèdent de la même manière : se prétendant théocratiquement structurés, ils affichent le but de conquérir le pouvoir mondial au nom de Dieu. Mais ils ont tous un point commun : ils musèllent les femmes tandis que les hommes, au fur et à mesure de leur ascension, satisfont leur ambition personnelle et assouvissent leur soif de pouvoir, à commencer par celui que « Dieu » leur a donné sur leur propre famille, leurs enfants en particulier, encore plus démunis que les femmes devant la brutalité. Au bout du compte, ce sont toujours les humbles et les doux qui sont qualifiés de faibles et qui fournissent aux autres le moyen d'accéder à la domination intellectuelle et au prestige qu'elle confère.

L'objectif affiché des Témoins de Jéhovah, c'est d'utiliser des êtres humains pour convertir l'ensemble de la planète, mais ce n'est qu'un alibi leur permettant d'exercer un pouvoir de type totalitaire tout en s'enrichissant. Bien qu'ils ne fassent pas partie du monde, les responsables ont bien compris que le poids financier y joue un rôle important… ainsi que le parc immobilier. L'hégémonie de la tyrannie théocratique, telle qu'ils l'exercent déjà dans les congrégations, ou bien la mort éternelle, voilà le marché offert aux adeptes, et qui assure le pouvoir insolent des hommes et la richesse cachée de l'organisation.

En sortir

C'est difficile... Cela nécessite un grand courage moral en fin de compte. Plus l'addiction a été longue, plus ce sera dur. Il faut un déclic pour que les yeux se dessillent, pour voir les choses et les gens avec un cœur neuf. Cependant, un déclic ne suffit pas ; il procède d'une longue suite d'observations et d'expériences le plus souvent malheureuses. Il entraîne un choix douloureux auquel on ne peut procéder du jour au lendemain : comment admettre que l'on s'est trompé si lourdement et pendant si longtemps ? Quel sens donner à toutes ces années gâchées ? Cette seule pensée, qui revient à nier toute son existence, effraie celui qui la porte et le pousse à la refouler le plus loin possible pour s'accrocher davantage à tout ce qui fait sa vie depuis si longtemps. Cette situation constitue souvent une barrière mentale infranchissable...

Dans mon cas, ce fut la conjonction de plusieurs éléments qui fit pencher la balance vers les réjouissances d'une vie que je n'espérais plus qu'en secret.

Du plus loin qu'il me souvienne, je n'ai cessé de me révolter contre toutes les formes de contrainte morale que je subissais. Pourtant, je finissais par me soumettre tôt ou tard, sans doute par lâcheté : c'était plus facile. Cette perpétuelle transe paradoxale, loin d'épuiser mon esprit, me poussait à lutter à l'intérieur de la secte : j'avais cet espoir ridicule de faire à moi toute seule évoluer cette machine aux rouages pesants ! Je ne me soumettais jamais tout à fait, et mon « mauvais esprit » me laissait l'impression que je pouvais faire changer les choses, si petites soient-elles. Ma personnalité profonde, souvent attaquée, a cependant bien résisté, et cela en raison de plusieurs facteurs dont d'autres que moi n'ont pas la chance de bénéficier.

Tout d'abord, je considère que j'ai eu de la chance de pouvoir faire un minimum d'études, elles ont contribué à élargir mon horizon. Mais ce ne fut pas facile, car je n'étais qu'une fille, et, de ce fait, mon père n'en voyait pas la nécessité. Lorsque mes années d'école primaire furent terminées, mes parents refusèrent de me laisser entrer au lycée. Impossible de les faire changer d'avis. Mon frère, lui, en avance dans ses études et pourvu d'un appareil génital masculin, entra au lycée Thiers sans difficulté : c'était une évidence. Comme je me sentais frustrée ! Dans ce collège d'enseignement général de seconde zone où mes parents m'avaient inscrite, j'ai refusé avec obstination de travailler malgré les raclées que mon père m'administrait pour m'encourager à le faire. Si, pour rien au monde, je n'aurais fait quelque effort pour ce collège que je détestais, je travaillais beaucoup en revanche : mon petit frère veillait sur moi et m'aidait de toutes ses forces. Le plus souvent possible dès que nous étions seuls, ou bien sous le prétexte de quelque jeu, il m'enseignait tout ce qu'il apprenait au lycée, tout ce qu'il y vivait. Je connaissais mieux ses livres de classe, amoureusement achetés par mes parents, que les miens. Je lisais tous ses devoirs et, aujourd'hui, le peu de latin que je sais, c'est de mon frère que je le tiens. Il était un très bon pédagogue, et ne se mettait en colère que lorsque je le taquinais. ce que je faisais souvent d'ailleurs ! Pour m'éviter de recevoir une correction à coups de baguette, il me forçait à faire mes propres devoirs, les mettant habilement en parallèle avec ceux du lycée. Cet enseignement, largement ouvert sur le monde et son histoire, contribua à enrichir mon éducation, à satisfaire ma curiosité naturelle, à calmer le sentiment d'injustice qui me tourmentait. Les cours insipides de mon collège, ceux de couture entre autres, arrivaient ainsi à passer. À la fin de mon année de troisième, j'obtins mon BEPC et, avec l'aide de mon frère et de ma tante, je finis par obtenir également la possibilité de continuer mes études au lycée Montgrand. Mais je n'avais étudié que l'anglais au collège, et, pour être admise au lycée, une seconde langue était indispensable. Ma tante s'occupa de me faire rattraper le retard et obtint pour moi la possibilité de redoubler mon année de troisième au lycée. Je dus passer un test, que je réussis fort bien. C'est ainsi que je réalisai un rêve : entrer au lycée, chose que j'attendais en vain depuis quatre ans, mon avis n'ayant aucune importance. Je me mis donc à travailler.

Un autre de ces facteurs indispensables pour garder une certaine lucidité me vint de la famille de ma mère, dont la sollicitude m'empêcha souvent de sombrer dans une dépression soumise et définitive. J'avais beaucoup de chance de pouvoir me tourner vers eux, même si je ne devais sous aucun prétexte leur parler de ce que je vivais chez les Témoins de Jéhovah. Je trouvais chez mes tantes ces bras affectueux et ces paroles de réconfort qui me manquaient tant à la maison. Et bien qu'il me fût impossible de leur dire toute ma détresse, je sentais que j'existais dans leur cœur. Lorsque j'étais enfant, la personne la plus importante de ma vie c'était mon grand-père. Il le resta longtemps. C'était un géant débonnaire et énorme. J'étais sa première petite-fille, de sorte qu'il ne fut jamais vraiment vieux pour moi. En cachette, il me gâtait terriblement. Ma petite main dans sa grande pogne calleuse, nous nous promenions dans la ville et la campagne, comme deux complices. Il m'achetait des taraillettes provençales et m'ordonnait solennellement de les casser avant de rentrer chez moi, ce que je faisais avec une rare jubilation, puisque, en toute autre occasion, casser un objet entraînait une correction ou une sanction. Il m'enseignait le nom de toutes les plantes de la Provence, et m'emmenait ramasser des limaçons que nous faisions cuire ensuite dans de l'eau salée. Il me faisait découvrir les collines de Pagnol, la grotte du Grosibou, celle de Baume Sourne, le pilon du Roy. Il me faisait sortir du lit à quatre heures du matin pour aller admirer le lever du soleil. Il m'apprenait à jouer à la belote. Il me fournissait sans cesse en bonbons, interdits chez moi, et en argent de poche. Il m'apprenait à apprécier le bel canto et l'opéra. Il m'emmenait au restaurant et il me faisait boire du vin... Ma mère me laissait chez lui les jours où je n'avais pas classe et, grâce à lui, j'ai tout de même été une enfant un jour au moins par semaine. J'ai reçu de l'amour, et je lui en ai donné sans réserve. Mon grand-père éveillait ma curiosité et mon intelligence. Bien des fois, son affection m'empêcha de sombrer dans la dépression. Jamais il n'eut un mot pour critiquer l'attitude de mon père, mais son regard, son autorité naturelle, son intuition, tout en lui m'indiquait qu'il savait ce que j'endurais sans avoir besoin de prononcer une parole. Il fut, en fait, bien plus un père pour moi qu'un grand-père. Quant à mes tantes, elles m'emmenaient au cinéma, parfois, ou au jardin public pour faire de la balançoire. Plus tard, c'est chez l'une d'entre elles que j'allais me changer, en cachette, pour me mettre des bas en lieu et place des infâmes chaussettes marronnasses dont ma mère m'affublait encore à quinze ans, par « modestie ». Quelquefois, il m'arrivait de me rendre chez l'une ou l'autre d'entre elles pour garder mes petits cousins et cousines… et comme je m'y trouvais bien ! Toutes ces attentions bienveillantes dont je fus l'objet pendant mon enfance, la vie que je percevais chez mes proches, si différente de la mienne, me donnèrent cet esprit critique indispensable que je gardais, sans le savoir, en réserve pour plus tard, bien plus tard. Cette famille, toujours présente, fut pour moi une grande chance. Grâce à elle, je n'ai jamais été totalement isolée du reste du monde, comme certains enfants, certains adolescents le sont dans la secte.

En janvier 1979, ma grand-mère s'éteignit après une lente agonie. Deux jours plus tard eut lieu la cérémonie de son enterrement. La famille et les amis se rendirent dans la petite église du quartier est de Marseille où mes grands-parents vivaient depuis de nombreuses années. C'était encore un coin de campagne, un peu comme un village aux portes de la cité. Ce jour-là, l'attitude de mes parents m'apparut excessivement sectaire… Ils refusèrent d'entrer dans cette église pour rendre un dernier hommage à ma grand-mère. Ils tentèrent de me persuader d'agir comme eux, de ne pas participer à « la fausse religion » en passant simplement la porte de cette église pour communier en esprit avec ceux qui l'avaient aimée. Mais alors, j'avais trente ans… pas quinze ! C'était *ma* grand-mère, et je l'aimais. C'était *ma* famille qui se tenait près d'elle, derrière cette porte et je l'aimais tout autant. Pendant toutes ces années, j'avais pu observer que, à l'occasion d'une cérémonie, les Témoins de Jéhovah adoptent une attitude paradoxale. Lorsqu'il s'agit d'une cérémonie organisée par la secte à l'occasion d'un mariage ou d'un enterrement, ils se font une gloire d'amener toute leur famille et les amis de celle-ci, « non croyants », à y assister. Mais par contre, dans les mêmes circonstances, ils refusent, eux, d'assister aux cérémonies des autres, sous prétexte qu'il ne leur faut en aucun cas se commettre avec une autre religion, pour rester « purs ». J'ai toujours trouvé cela nauséabond et ridicule : se tenir auprès de quelques proches n'implique pas l'adhésion à un culte ; la preuve, ceux qui assistent à leurs mariages ne deviennent pas pour autant des Témoins de Jéhovah ! Ce jour-là, j'entrai dans cette église et, troublée, je restai debout, au fond, essayant d'apaiser le tumulte et la colère que chaque discussion avec mes parents faisait renaître en moi. Pendant qu'ils attendaient dehors, j'avais honte pour ma mère, et ce fut une étape de plus pour moi vers la tolérance, vers les autres.

Cependant, il y avait une raison majeure qui me donnait l'impression d'être obligée de rester dans la secte. Elle concernait l'attitude de mon mari. Je me sentais responsable de sa position dans la congrégation, puisqu'il était devenu adepte par ma faute, et je ne pouvais envisager de ce fait une autre existence. Un jour, dans les années quatre-vingt, sans m'en dire le motif, mon époux démissionna de son poste d'ancien respecté et refusa d'endosser quelque responsabilité que ce fût dans la congrégation. Lui qui avait donné des conférences, il se contentait désormais, vingt ans après son baptême, d'être un auditeur passif. Je ne comprenais pas cette attitude, mais nous en discutions très peu, chacun ayant un peu peur des réactions de l'autre sur ce sujet glissant. J'attribuai un temps cette réaction à ses responsabilités professionnelles… car je ne suis pas une fine mouche ! Je compris plus tard qu'il ne voulait pas provoquer un affrontement entre nous : il en avait eu assez avant moi. Il avait raison : j'appréciais de nouveau le plaisir d'avoir du temps à passer ensemble, de nous occuper tous les deux des enfants. Sa réflexion venait de loin. Il avait expérimenté les pressions que l'on exerce sur autrui ; il avait contribué à infliger des humiliations, il connaissait les rouages pervers de la machine. Il avait conscience des blessures que nous faisions subir à notre fille aînée alors en pleine adolescence. Il supportait mal la délation organisée autour d'elle, et qui aboutissait de plus en plus fréquemment à une convocation devant les anciens, ou à leur visite chez nous pour une réprimande. Il avait senti que ces anciens, dont il était il y a peu, qui prônent l'amour et la droiture, cherchaient insidieusement à le monter contre sa fille, contre sa femme, pour faire de lui un bourreau. Malheureusement pour eux, mon mari n'a jamais eu aucun goût pour le pouvoir. En 1987, ma fille, à bout de nerfs, évoqua devant nous la question des droits de l'homme et nous fit cette réflexion que nous avions du goût pour la religion de l'esclavage. Comme une gifle, elle me renvoya ce jour-là l'image de la jeune fille persécutée que j'avais été, une image que j'avais enfouie sous les années de routine, mais qui ressurgissait, intacte et magnifique. Soudain, j'étais elle, et je rejouais à mon insu le rôle que mon père avait tenu auprès de moi. C'était intolérable. Qu'avais-je fait ? J'étais remplie de honte et de confusion. Mon cœur se tourna tout entier vers elle. Je me sentais prisonnière, humiliée, isolée ; il y avait en moi un tumulte qui me causait de terribles souffrances. Je voulais en finir, sortir de ce système, mais on n'efface pas trente-cinq années de violences mentales juste en passant un coup d'éponge. La secte restait présente en moi, comme une écharde, avec sa séduction, ses habitudes, ses contraintes familières, son langage et ses humiliations. Il me fallut tout de même cinq mois pour comprendre que je préférais m'éloigner définitivement de mes parents plutôt que de sentir mes enfants se détacher de moi, me mentir, me haïr peut-être. Pendant ces cinq mois, les sales petites manigances dues à la nature humaine devinrent des évidences. Je voyais soudain ce qui faisait l'ordinaire de la congrégation. Je sentais avec une acuité nouvelle les menaces et la coercition. J'entendais la mort éternelle brandie, toujours. Je perdis le sommeil et, lorsque je parvenais enfin à m'endormir, le cauchemar familier me réveillait à chaque fois. Je ne voulais plus exercer sur ma fille ce pouvoir malsain que j'avais tant exécré. Après avoir été une mauvaise fille, j'étais devenue une mauvaise mère... Ce constat me détruisait et, ne voyant aucune issue, je pensais fréquemment en finir, mettre fin à mes jours pour mettre fin à ces contradictions insupportables. Même les antidépresseurs que me prescrivait le médecin ne parvenaient pas à apaiser ce malaise.

Et puis, le samedi 7 mai 1988, ce fut le déclic, devant ce jeune homme qui sortait avec ma fille, ce presque inconnu... J'éprouvai soudain de la honte devant les propos castrateurs qu'il entendait pour la première fois dans cette salle d'assemblée. Tout à coup, j'écoutais avec ses oreilles, je raisonnais avec son cerveau, et je rejetais de toutes mes forces ce que je percevais, comme si, tout à coup, j'avais enfin le choix. Comme si j'étais redevenue un être humain doué du libre arbitre. Soudain, c'était terminé, comme un rideau qui se déchire. Les murs de ma prison s'étaient écroulés comme les murailles de Jéricho. Ni les dénonciations de ceux qui, naguère, étaient mes amis, ni les visites des anciens qui me conseillaient de battre et d'enfermer ma fille, ni les sanctions dont on me menaçait, ni les remarques de ma mère, plus rien n'avait de prise sur moi. J'en avais fini, j'avais choisi la liberté pour mes enfants.

Cette rupture permit à notre couple de se consolider, car ce harcèlement dont notre famille avait été l'objet pendant une année entière nous donna l'occasion de faire le point au lieu de nous séparer comme souvent c'est le cas dans la secte. Mon mari n'avait pas une vocation de despote. À deux, nous étions plus forts. Chacun servait à l'autre de thérapeute, de soutien.

Quant à mon rôle de mère, je fis au mieux dans le total manque de modèle où je me trouvais, et la certitude d'être une mauvaise maman. En fin de compte, ce sont mes enfants qui ont fait mon éducation. De toutes ces années, il me reste la blessure la plus grave : j'ai fait du mal à ma propre fille et j'en porte chaque jour le fardeau de remords. Je m'en fais sans cesse le reproche. Je me demande encore et toujours par quel processus de manipulation pervers les Témoins de Jéhovah ont pu m'amener à exercer des violences morales à l'encontre de ma propre fille. C'est un mystère que la loi de la secte, si différente de celles de notre société, si pesante, n'explique pas à elle toute seule. Cependant, mon cœur déborde de bonheur car cela n'a jamais empêché ma fille de m'aimer, et cet amour sans condition, celui de tous mes enfants, m'a permis de tourner cette page.

J'en suis sortie… mais on n'en sort jamais indemne ; il est impossible de tirer un trait sur un parcours aussi long, aussi douloureux, aussi violent et semé de révolte.

J'en suis sortie, mais abîmée de l'intérieur, infirme, mutilée. J'en suis sortie en marge, incapable de me joindre à un groupe. J'aimerais par exemple apprendre à jouer aux échecs, jeu interdit par la secte, mais le simple fait d'avoir à m'inscrire à un club me fait peur. Adhérer à un groupe reste pour moi un piège J'aimerais être capable de partager la liesse d'une foule un soir de réveillon… j'essaie, mais même au milieu d'un grand rassemblement, je reste détachée, je ne suis qu'une observatrice, je ne fais pas partie de cette humanité que je voudrais rejoindre. Un jour, peut-être, la porte infranchissable de la communion avec mes semblables s'entrouvrira mais, en attendant, chaque entreprise me renvoie à ma solitude, à cet isolement imposé jadis que je ne peux extirper de mon être profond. J'en suis sortie, mais il y a mon enfance gâchée, il y a mon adolescence perdue, il y a cet amour filial et inconditionnel, cette protection cette sécurité réservée aux enfants et auxquelles je n'ai jamais goûté, il y a mes années de jeunesse que j'ai traversées les yeux fermés, il y a les regrets, les remords, il y a le sommeil qui me fuit et les cauchemars qui me hantent, il y a cette vie dont j'ignore le mode d'emploi.

Mais il y a mon mari, il y a mes enfants, il y a mes tantes, il y a quelques amis qui ne me jugent pas, il y a les fêtes nouvelles, il y a les anniversaires que l'on me souhaite enfin, il y a les voyages, il y a la découverte d'un monde tolérant, il y a l'avenir en somme et toutes ses promesses.

Ma motivation

Plus personne ne l'ignore, écrire fait office d'exorcisme, de thérapie, parfois de délivrance. Il est indéniable que coucher mes souvenirs douloureux sur le papier fut tout cela pour moi, mais pas seulement. Plus encore, la rédaction de ce document a représenté une épreuve bien plus difficile que je ne l'avais imaginé. Ce fut une souffrance parfois intolérable. Toutes mes blessures se rouvraient au fil du récit et, tandis que je refaisais le chemin à l'envers, mes échecs et ma lâcheté me sautaient au visage, inexplicables. Tout mon désarroi et toute mon impuissance ressurgissaient du gouffre où je les avais ensevelis. Dans le même temps m'apparaissait toute l'ambiguïté de la tâche que j'avais entreprise : j'étais à la croisée des chemins, embarrassée face à un dilemme impossible à résoudre. Si j'écris et si je suis éditée, je suis coupable. Mais si je ne le fais pas, je suis coupable aussi. D'un côté, ce document rendra plus difficiles encore mes relations avec mes parents, les blessant dans ce qu'ils ont de plus cher : leur « religion ». Aujourd'hui, la vieillesse a assoupli leur caractère et les a rendus plus compréhensifs. Depuis plus de dix ans, nous ne parlons plus de nos croyances respectives, des décisions qu elles nous amènent à prendre, et donc, nous ne nous disputons plus… Il m'arrive parfois de partager avec eux un moment de connivence, et je me reprends à espérer que l'amour filial nous réunira un jour, sans condition. Je vois rarement mon père, mais nous nous téléphonons, et il ne critique plus ma conduite à chacune de ses paroles comme il avait autrefois coutume de le faire. Ma mère ne m'insulte plus et lorsqu'elle vient chez moi, nous arrivons à avoir des conversations agréables. Nos relations sont apaisées. En écrivant ce récit, je me sens coupable envers eux d'une sorte de trahison, car je peux prévoir leur colère, leur douleur, sentiments qui seront partagés avec tous les Témoins de Jéhovah de leur connaissance, comme une épreuve de plus envoyée par le Diable. Il y verront sans aucun doute un signe supplémentaire de la fin de ce système de choses, et authentifieront cette idée à l'aide des paroles du Christ annonçant que, à la fin des temps, les enfants se retourneront contre leurs parents, que « les vrais chrétiens » seront persécutés, que leur foi sera tournée en dérision par le plus grand nombre. Sans doute le fragile équilibre établi entre nous ne résistera-t-il pas à la publication de notre histoire, et c'est une conséquence qui me touche et m'effraie.

D'un autre côté, l'absence de témoignage est encore plus lâche. Si je garde cette histoire pour moi, je vais porter le poids d'une responsabilité plus lourde encore, d'une culpabilité plus grande vis-à-vis de ceux qui, à l'aide de cette lecture, pourraient éviter de tomber dans le piège de la secte. Comment oblitérer de mes pensées toutes les personnes qui risquent de perdre leur identité, de souffrir, d'être tenues à l'écart du monde ? C'est d'abord vers les enfants que mes pensées se tournent. Des parents peuvent être tentés par la rectitude morale et la fraternité de façade des Témoins de Jéhovah, mais s'ils lisent ce récit, ils sauront que, même à leur corps défendant, ils vont devenir des bourreaux castrateurs envers leurs propres enfants, comme je le fus moi-même à mon corps défendant. Peut-être ce récit aidera-t-il un père ou une mère déjà engagés dans cette voie sectaire à respecter la personnalité de son enfant, à accepter qu'il soit un être humain à part entière capable de faire des choix ? Peut-être ouvriront-ils les yeux et seront-ils plus tolérants en ce qui concerne les loisirs et les lectures qu'ils peuvent lui accorder ? Peut-être n'exigeront-ils pas de ces enfants que je ne connais pas une soumission, une servitude, une rigidité telles que je les ai connues ? Peut-être verront-ils le maléfice de la violence mentale ? Et même si ce miracle ne s'opère qu'une seule fois, même si une seule famille grâce à ce récit appréhende le danger d'une telle éducation, alors mon histoire misérable valait la peine d'être écrite pour ses enfants. Car enfin, au nom de quel Dieu peut-on priver un enfant de sa joie de vivre, des traditions et des festivités de la société des hommes ? De quel droit mutiler sa personnalité ? De quel droit le forcer à devenir le clone moral et vertueux de son voisin, à la Salle du Royaume ? Je voudrais que cela ne puisse plus jamais arriver…

Bien sûr, certains vont m'accuser d'avoir forcé le trait, de m'être laissé emporter ou même d'avoir cédé à la tentation du grand déballage, du règlement de comptes… mais ce n'est pas le cas. Je ne suis plus en colère depuis longtemps et j'ai soldé tous mes comptes il y a bien des années. J'ai attendu douze ans, afin que le tumulte de mon cœur s'apaise, avant de commencer à écrire et de rappeler à moi des souvenirs douloureux. J'ai cinquante et un ans aujourd'hui. N'ai-je pas beaucoup à perdre en rendant publiques mes tribulations ? Que va devenir ce reste d'affection que mes parents me portent aujourd'hui ? Nous ne parlons jamais du passé, mais depuis que j'ai quitté leur « religion », tout doucement, au fil des années, nos relations se sont teintées d'une sérénité agréable. Mes parents ont vieilli. et je n'ai jamais cessé de les aimer à ma manière, celle qu'ils m'ont enseignée, et qui fait obstacle à toute démonstration. Je suis toujours cette petite fille qui cherche la reconnaissance de ses parents comme une chose inaccessible. Je ne comprends pas moi-même pourquoi, mais j'estime que j'ai tout de même une dette envers eux, la dette de cette vie qu'ils m'ont donnée, puis reprise, et que j'ai enfin conquise à la force des larmes, cette vie que je suis maintenant affamée de vivre. Je les aime parce que je sais que leur manière de m'éduquer ne provenait pas forcément d'un manque de sentiments mais que, séduits, gardés sous influence, soumis à des règles exigeantes qui n'étaient qu'un chantage de la part de cette communauté religieuse, ils ont été persuadés d'agir pour mon bien alors qu'ils ne cherchaient qu'à renvoyer d'eux-mêmes l'image édifiante d'une famille théocratiquement correcte. Je sais qu'ils ont été et qu'ils sont encore manipulés. Le drame, c'est qu'eux ne le savent pas, ce qui est le cas de tous les adeptes. Je sais qu'ils ont beaucoup souffert et qu'ils n'ont survécu à la mort de leur seul fils qu'au travers de leur foi. Je n'ai jamais manifesté de rancune envers mes parents, car il n'est pas dans ma nature d'en éprouver. Être leur fille autrement que pour l'état civil m'aurait tellement satisfaite, mais ce n'était pas ainsi, il me fallait l'accepter, ce qui ne m'empêchait pas d'avoir de l'affection pour eux. Après le décès de mon frère, alors que mon mari et moi avions projeté de nous installer à l'étranger. Alors même que presque toutes les démarches étaient sur le point d'aboutir, je suis restée près d'eux, cédant aux larmes de mon père qui me le demandait dans un cri. Je ne l'ai jamais regretté. Même si nous ne sommes d'accord sur rien, mes parents m'ont apporté une aide matérielle lorsque j'en ai eu besoin et, de même, je serai toujours là lorsqu'un jour ils auront besoin de moi. Nous avons finalement beaucoup souffert ensemble et le lien familial, même s'il s'est tissé dans la souffrance, même si l'on doit en souffrir pour toujours, il existe… Mes parents, je les aime surtout parce qu'ils ont su être de véritables grands-parents pour les quatre petits-enfants que nous leur avons donnés. Car, alors même qu'ils me serinaient que je leur laissais trop de liberté, qu'il convenait de mieux les « dresser », tandis qu'inlassablement je répondais que je ne voulais pas « dresser » mes enfants comme on dresse des animaux de cirque, ils ont toujours respecté l'éducation que je leur ai donnée. Ils n'ont jamais dépassé les limites en les brutalisant, en essayant de les endoctriner ou de les manipuler. Je sais que je les blesse en dévoilant les heures sombres de ma jeunesse, mais, après tout, n'a-t-elle pas été ce que *eux* en ont fait ? Alors non, je ne force pas le trait, je ne règle aucun compte, je veux juste faire entendre ma voix pour que le cours de quelques vies puisse être modifié. C'est mon espérance, pour conjurer ce cauchemar qui me hante encore la nuit après trente-six années : je suis dans ce grenier poussiéreux où se tient la séance du Comité Judiciaire de la congrégation. Je pleure, je sanglote, je demande pardon, je perds ma dignité pendant que trois hommes m'accusent et me menacent. Puis, l'un d'entre eux, mon père, toujours jeune, le regard convulsé de colère et de mépris se lève et tend vers moi son index… alors je me réveille, toujours à cet instant, inconsolable pour le restant de mes jours.

Mais mon cœur bondit de joie et de gratitude envers mes filles, car jamais elles n'ont détourné de moi leur amour infini. Au contraire, c'est parce que je les aime tant, c'est grâce à elles que j'ai fait mes premiers pas vers la tolérance, vers la liberté qui est l'essence même de la vie. Je veux remercier mes quatre enfants d'être si beaux à l'intérieur, si différents mais si semblables, si droits, si généreux. Ils sont mon espérance, ma descendance et mon avenir. Je veux exprimer ma gratitude et mon amour à mon mari, mon seul ami, compagnon indéfectible de toutes les années de galère et de tous les bonheurs. Sans cesse partagée entre le bonheur de vivre et la culpabilité, j'ai parfois l'impression d'avoir vécu plusieurs vies, mais j'ai la certitude que la meilleure me reste encore à vivre. Et j'ai l'espoir, toujours, que comme une récompense, un jour me sera accordée la délivrance de l'oubli.

TABLE DES MATIÈRES

Cet ouvrage a été imprimé par la
SOCIÉTÉ NOUVELLE FIRMIN-DIDOT
Mesnil-sur-l'Estrée
pour le compte des Éditions du Rocher
en avril 2001

Éditions du Rocher
28, rue Comte-Félix-Gastaldi
Monaco

Imprimé en France
Dépôt légal : mars 2001
CNE section commerce et industrie Monaco : 19023
N° d'impression : 55292